宋朝往事 系列

主编 耿元骊

狄青
戴面具的武曲星

仝相卿 著

辽宁人民出版社

© 仝相卿 2023

图书在版编目（CIP）数据

狄青：戴面具的武曲星 / 仝相卿著 . —沈阳：辽宁人民出版社，2023.2
（宋朝往事系列 / 耿元骊主编）
ISBN 978-7-205-10588-4

Ⅰ . ①狄… Ⅱ . ①仝… Ⅲ . ①狄青（1008-1057）—传记 Ⅳ . ① K825.2

中国版本图书馆 CIP 数据核字（2022）第 192362 号

出版发行：辽宁人民出版社
　　　　　地址：沈阳市和平区十一纬路 25 号　邮编：110003
　　　　　电话：024-23284191（发行部）　024-23284304（办公室）
　　　　　http：//www.lnpph.com.cn
印　　刷：北京长宁印刷有限公司天津分公司
幅面尺寸：165mm×235mm
印　　张：15.5
字　　数：166 千字
出版时间：2023 年 2 月第 1 版
印刷时间：2023 年 2 月第 1 次印刷
责任编辑：赵维宁
助理编辑：姚　远
封面设计：乐　翁
版式设计：一诺设计
责任校对：吴艳杰
书　　号：ISBN 978-7-205-10588-4
定　　价：58.00 元

总 序

宋朝的魅力,势不可当,有越来越多的人爱读宋朝故事,这从"宋朝往事"第一辑的受欢迎程度也可见一斑。10位青年学者,以自身长期积累的学术优势,通俗而不媚俗、讲史而不戏说的独特风格,赢得了广大读者的认同。因此,在辽宁人民出版社的支持下,我们延续前缘,继续组织撰写了"宋朝往事"的第二辑。

关于宋朝的一般性概括,在第一辑总序当中已经说过了。说过的话,多数情况下,理所当然不应该重复。但是下面这段话,是我们两次编撰"宋朝往事"的共同圭臬,所以请让我再次引用孟浩然的这一句"人事有代谢,往来成古今",因为它最能代表我们的心情和缘起之思。我们就是想通过人和事两方面,与读者诸君讨论宋朝的独特之处。宋的风雅、宋的政事、宋的富庶,都体现在人和事之中了。没有那些独特的人,风雅不可见;没有那些风雅之士的行动,政事不可知;没有那些百姓的努力创造,富庶无可求。想要全方位地观察宋、了解宋、欣赏大宋之美，就请和我们一起来回首宋朝往事。

　　面对浩瀚宇宙，面对苍茫大地，面对漫漫人生，我们的内心常常涌起一种深远庄严之感，不由得想去探究和思考。这就是人之所以为人的根本，只有人类才渴盼了解自身，试图了解自己的过往。而有着世界上最长久、最多历史记载的中华民族，也算得上是最愿意了解自身历史的族群之一。与过去的历史人物、事件建立起属于我们自身的沟通管路，唯一的渠道和办法，就是读史。读其书，想其人，念古人或雄壮或卑微的一生，感慨万千，油然而生的一种复杂情绪自会弥漫胸间。这大概也是想了解历史、阅读历史的普通读者常有的心境。

　　不过时移世易，大多数非专业读者，基本已经不再能识读繁体字了，更不要说能较为畅达迅速地理解文言文。而处于压力极大的现代社会，人们的状态都是每日疲于奔命。让有阅读渴望的各行各业读者，都能重新从工具层面开始入手研读，实在是不可能的奢望，也是强人所难。但是满足爱读史的读者的渴求，是我们这些从事专业研究的职业学者仍然不可忽视的职责所在。所以回首"宋朝往事"，提供一种虽然是"快餐"，但尽量做到最佳的"快餐"，就是我们这些职业学者试图为其他行业读者做出的一点微不足道的小贡献。

　　在第一辑的基础上，我们再次选择了五人五事，同我们亲爱的读者一道，再次进入宋朝的天地时空。赵普、包拯、狄青、陆游、文天祥这五位代表性人物，就此进入了读者诸君视野。赵普是宋朝开国元勋，也是宋初文臣之中较为有名的一位。他一生之中三次入朝为相，影响很大。世人知道他，多以那句"半部《论语》治天下"的典故。他长于吏道，善于出谋划策，"智深如谷"，开国大政多依赖于赵普的策划。我们在已经了解赵匡胤的基础上，自然也要了解一下这位开国谋士。包拯在明清以后，已经成为中国古代清官的杰出代表，是为政清廉、公正执法、断案如神的象征，民间呼为"包青天"。以他为主角衍生出的历史演义、戏剧小说、电影电视剧等为数众多且历代相传。戏说虽然于史无证，却激起我们窥探历史上包拯究竟是何种模样的极大兴趣。狄青从一名出身低微的基层农家子弟应征入伍，一无权二无势，通过自己精湛的武功、高妙的指挥能力和优良的人品，以及在国家危难之际奋不顾身的突出表现，成长为接近权力巅峰的枢密使，是底层小人物逆袭的典型，后代小说家甚至以他为主角写成了诸多小说演义作品。传说狄青是武曲星下凡，与文曲星下凡的"包青天"一起享誉天下。陆游是伟大的诗人和爱国者，大多数中国学生都学习和背诵过那首千古名诗《示儿》，他一辈子渴望北伐中原、收复失地，但是时代没有给陆游这样的机会。以南宋大历史，以宋金和战历史来做背景，我们才能发现一个真实的陆游。文天祥更是我们常常耳闻的人物，为了匡扶南宋这座将倾的大厦，妻离子散，家破人亡，但依然志向不改、视死如归。文天祥伟大的人格力量，在中华历史上铸就了一块无与伦比的正气丰碑，内化成为中华优秀传统文化不可分割的一部分。纵观文天祥一生，无负于"人生自古谁无死，留取丹心照汗青"的铮铮誓言。

与五人同时，就是我们常常想了解的"大事"。这些大事，在宋代历史上也极为关键。女主临朝、更化到绍述、宋夏之战、襄阳保卫战、崖山暮光，是我们观察宋朝、了解宋朝不可缺少的环节。宋真宗皇后，章献明肃刘皇后在历史上也是一个有名的皇后，关于她的故事，最著名的传说就是"狸猫换太子"了，而这只是个编造的谎言。事实上，刘皇后作为宋代第一位垂帘听政的太后，在她身上发生的故事远比"狸猫换太子"更加精彩。熙丰变法由神宗与王安石共同发起，最后到了神宗的儿子手上，却逐渐由改善宋代民生、行政、财政、兵政的大目标，转而成为朝廷清除异己与聚敛财富的工具，丧失了它的正当性，而这一切还是在继述神宗之志的旗帜下进行的。借着更化到绍述之名，大宋这一艘漏水航船驶入了更加风雨飘摇的末路。而自宋建国起，宋朝与党项李氏一直保持着友好关系，西部边界也一直处于相对稳定的局面，直到李继迁公开与宋朝决裂。党项李氏逐渐壮大，并建立西夏，发展成为足以抗衡辽、宋的地方政权，宋朝西部边患几无宁日，它们之间漫长曲折的战争故事也陆续上演。宋元之间，襄樊之战则是南宋灭亡的关键。让我们一同进入宋末的历史世界，看看身处其中的人物如何抉择，观其言，察其行。在13世纪末的欧亚大舞台上，从全球视角，看看襄樊之战的前因、后果、始末与影响。襄樊之战之后，元军继续南下，宋人多路义军闻风而动，试图收复故土，好不热闹。但元军一路直下，鏖战五十年，四川最终陷落。宋廷退守崖山，张世杰摆一字长蛇阵，决战一日，十万军民漂尸海上，南宋彻底灭亡。遗留的大宋忠臣遗民，或以生命为国尽忠，或以生命为国招魂，只留待我们后人唏嘘南宋的往事，或叹或悲或感慨。这样的五人五事，让我们再次以立体形式勾勒了大宋面貌。让我们11个人继续努力，期待读者诸君与我们一起走进宋朝，在大宋场景之中，回味历史的波澜壮阔。

　　经过上一轮的磨合，与10位作者已经形成了默契相知。在辽宁人民出版社蔡伟编辑的再次鼓励下，我们继续承担了撰写工作。还是同样的希望，希望我们11个人的努力，能让您对真实的历史多一点了解。感谢陈俊达（吉林大学）、黄敏捷（广州南方学院）、蒋金玲（吉林大学）、刘广丰（湖北大学）、刘芝庆（湖北经济学院）、仝相卿（浙大城市学院）、王淳航（凤凰出版社）、王浩禹（云南师范大学）、张吉寅（山西大学）、赵龙（上海师范大学）等一众优秀青年学者（以上按姓名拼音排序）加盟此系列的撰述。虽然刘云军教授因为撰述任务太多未能参与，非常遗憾，但仍感谢刘云军教授在不同场合给予的大力支持！最后，亲爱的读者，我们一群作者贡献全力，希望能为您的读书生涯增添一点乐趣！让我们一起读宋，知宋，了解宋朝。

耿元骊

2022年8月18日于开封铁塔湖

目 录

总　序 / 001

引　子 / 001
    一、北宋的"重武"和"抑武" / 002
    二、宋朝的"重文"或"崇文" / 009

第一章
出自农门，拔足行伍 / 014
    一、出自农家，似曾为乡里恶少年 / 014
    二、黥面入伍，稳步成禁军好男儿 / 030
    三、奔赴沙场，的确是战场真英雄 / 043

第二章
建节西陲，初涉政争 / 053
    一、遭遇伯乐的边境猛将军 / 053
    二、宋夏边境上的"救火队长" / 061
    三、张亢公使钱案中的"躺枪者" / 070
    四、水洛城事件中朝臣的"议论焦点" / 075

第三章
从战场到官场，官场也是战场 / 086

　　一、仕宦地方，备边防御辽夏 / 086

　　二、任职中央，成为枢密副使 / 095

第四章
从归附到对抗：侬智高行动转变的心路历程 / 101

　　一、侬智高发迹的背景和过程 / 102

　　二、侬智高由投宋到抗宋 / 110

　　三、宋朝地方官员的初步应对 / 115

　　四、宋朝的"广州保卫战" / 124

第五章
宋朝平叛，狄青请命 / 135

　　一、侬智高肆虐两广 / 135

　　二、狄青准备南征 / 146

　　三、狄青赶赴前线 / 155

第六章

狄青南征，一战封神 / 162

一、斩陈曙，立威宾州城 / 162

二、平智高，血战归仁铺 / 172

三、得胜归，事迹遭抹黑 / 181

第七章

再入枢府，郁郁而终 / 189

一、政治纠葛下狄青"被"枢密使 / 189

二、行事低调仍陷流言的枢密使 / 200

三、狄青之死 / 209

第八章

狄青的后嗣与身后之事 / 214

一、家族发展难超三代 / 214

二、身后之事精彩纷呈 / 223

后　记 / 233

引 子

狄青（1008—1057）是宋代甚至整个中国古代都相当罕见的人物，他的传奇一生在宋人官方和私人笔记中记录不少，后代小说家甚至以他为主角写成了《万花楼杨包狄演义》《五虎平西前传》《五虎平南后传》《后宋慈云走国全传》等诸多小说作品。四大名著之一的《水浒传》中说狄青是"武曲星下凡"，与家喻户晓的文曲星下凡的"包青天"包拯（999—1062）共同辅佐宋仁宗（1010—1063；在位1022—1063）。20世纪，港台影视剧中有几部都是以狄青故事为题材的，其中香港无线电视台出品的1983年版《射雕英雄传》中，饰演杨康的苗侨伟，在1986年播出的电视剧《狄青》中饰演狄青，给人留下了较为深刻的印象。2018年以来，随着《知否知否应是绿肥红瘦》《清平乐》《大宋宫词》等反映宋朝历史的影视剧播出，社会上掀起了一股"宋朝热"的浪潮，其中《清平乐》中也有演员季晨饰演的狄青的身影，可圈可点。暂且搁置网络上各种各样的意见，单就剧中对狄青的描述，内容大多是基于历史事实而来，并没有过分戏说的成分。不过，因该剧并不是为了展现狄青的形象而设计，所以他的很多重要事迹匆匆交代或者略而不言，显得较为跳跃和割裂，部分内容甚至有点让观众摸不着头脑。狄青的生平事迹远比今天影视剧中所呈现的更加精彩，而本书就尝试为大家勾勒出一个历史上的真实狄青。

历史上的狄青，从一名出身低微的基层农家子弟应征入伍，一无权二无势，通过自己精湛的武功、高妙的指挥和正直的人品，以及在国家危难之际奋不顾身的突出表现，逐渐成为接近权力巅峰的枢密使，狄青的经历是一个底层小人物逆袭的奋斗史，这是狄青经历当中最富有魅力和为人传唱不衰的地方。然而，正因为这样的传奇经历，生在宋朝"崇文抑武"时代的他才会经常受到制度限制、文官鄙薄甚至帝王猜忌，又注定会被文官群体不断论奏、攻击和弹劾，导致被外贬陈州（今河南省周口市淮阳区）进而郁郁而终，很具有悲剧色彩。在讲述狄青故事之前，我们先来大概了解一下北宋前期这个大的时代环境。

一、北宋的"重武"和"抑武"

后周显德七年，也就是公元960年正月，时年34岁的后周禁军将领、殿前都点检赵匡胤（927—976；在位960—976），在京城开封北部30里外的陈桥驿（今河南省新乡市封丘县陈桥镇）发动兵变黄袍加身，成为宋朝的开国皇帝。宋朝的皇帝生前有尊号，死后有谥号、庙号和陵号，以宋朝第二位皇帝、赵匡胤弟弟赵光义（当上皇帝之后改名赵炅，939—997；在位976—997）为例，在他当上皇帝的第三年，臣僚上尊号称他为"应运统天圣明文武皇帝"。赵光义至道三年（997）去世后，群臣上谥号"神功圣德文武皇帝",同时上庙号"太宗"。赵光义去世之后,和北宋诸位帝王一样,埋葬在今天的河南省巩义市,陵墓被称为"永熙陵",所以有的传世文献用"熙陵"作为他的代称。我们通常在传世文献上看到称呼赵匡胤为"宋太祖"、赵光义为"宋太宗"、赵佶为"宋徽宗"(1082—1135;在位1100—1126)、赵构为"宋高宗"(1107—1187;在位1127—1162),等等,都是他们去世之后的庙号,这些皇帝在世时是绝对不可能有这种称呼的。不过,这样的称呼是我们了解宋朝某个皇帝时最为熟悉的,所以我们在行文过程中仍使用庙号来称呼皇帝。

宋太祖出生在一个世代将门的家庭,他自己也是一位能征善战的猛将,军事经验相当丰富。宋朝建立之初,其疆域周围,北边有立国已经近50年且实力强大的辽国,最为致命的是,自从中国历史上以"儿皇帝"著称的后晋皇帝石敬瑭(892—942;在位936—942)把幽云十六州割让给契丹之后,中原王朝已经失去了防御北面草原民族的屏障——长城,这一屏障的丧失让后继的宋政权不得不在北部边州投入大量兵力、物力以及财力等,这使得宋朝疲于应付。西北地区诸如党项、吐蕃、回鹘、藏才、白马、鼻家、保家等少数民族部落错综复杂,有些归附了宋朝,有些仅仅是表面归附而实质上并不听从任何命令,更有甚者连表面工作也懒得做,根本无视宋朝政权。这当中实力最强、最为棘手的是党项族,他们从宋朝建立之初就是西北地区相当不省心的存在,时而请求归顺却又时常叛乱,杀掠宋朝官军平民,到北宋中期(1038—1044年左右)甚至要求建立自己的国家,以至于和宋朝之间发生过多次战争。宋朝南边的川蜀、荆湖、两广地区也是少数民族众多，与宋朝接壤的交趾（其主体部分是现在的越南地区）在这一时期正处于民族意识觉醒阶段，成为宋朝南部边疆的重大隐患，在宋太宗和宋神宗（1048—1085；在位1067—1085）朝与交趾分别有过两次大的战争。同时，宋朝都城开封（今河南省开封市）地处中原腹地，建立在一望无际的华北平原上，没有任何山川河流等天险作为依靠，若要保卫都城安全就只能靠军队。这样的内外形势注定了宋朝必须"以兵立国"，在武装力量的建设上不能有一丝一毫的松懈。

宋朝建国之初，正规部队数量有20万之多，开封周边驻扎10万，全国各地驻扎10万，基本保持内外均衡。宋太祖开宝年间（968—976），军队数量已经达到37.8万，增长了72%。宋太宗至道年间（995—997），军队数量为66.6万，20年时间增加了近30万。"澶渊之盟"以后，宋辽之间和平时间超过百年，但宋朝军队数量仍然节节攀升。宋真宗天禧年间（1017—1021），宋朝正规军数量为91.2万，20年间再增加25万之众。宋仁宗庆历年间（1041—1048），也就是范仲淹主持"庆历新政"以及他撰写流传千古的名篇《岳阳楼记》那个时期，宋朝正规部队人数已经达到125.9万，比宋真宗（968—1022；在位997—1022）时期增加35万，比宋太祖立国之初增加了100万之多。我们这里说的数字仅仅是宋朝的正规部队，也就是禁兵和厢兵这两种，还没有包括数量庞大但不作为正规部队的乡兵、蕃兵和土兵等。

与此相对应的是，两宋320年间军事理论研究持续发展，达到中国古代第二个高峰期并展现出两个特点：一方面是朝廷高度重视，一方面是私人著述相当发达。《宋史·艺文志》当中著录宋代兵书347部1956卷，并出现中国古代第一次动用国家力量编纂的兵书《武经总要》，且由当时的皇帝宋仁宗（1010—1063；在位1022—1063）亲自撰写序言。宋神宗统治期间，又由政府颁行《武经七书》，是北宋朝廷作为官方指定的兵法丛书，是中国古代第一部军事教科书。

在朝廷的带动下，一大批学者纷纷就军事理论著书立说，有总结用兵经验的《守城录》，有就当时重大军事问题进行应对的《翠微先生北征录》，有对古代兵书进行阐释的《十一家注孙子》，也有从名将用兵实践总结经验的《十七史百将传》，等等，文人论兵更是盛行一时。同时，宋朝还处于中国古代军事技术大发展的重要时期。钢铁冶炼技术促进了武器性能的提高，造船技术的进步带来宋朝水军的发展；筑城技术的成熟为城市防御提供坚实的智力和技术支持；最为突出的是火药技术应用于军事，这是世界历史由冷兵器时代到火器时代的萌芽，具有划时代意义。在这样一个时代，重视军队建设、军事理论发展和军事技术进步，无一不是"重武"的表现。这与学术界常常说的宋代是一个"重文轻武""崇文抑武"或者"重文抑武"的朝代是否矛盾？

实质上，所谓的"轻武"或者"抑武"，是有特定含义的。

宋朝立国之初，接手的是一个藩镇将领都敢于公然宣称"当今天子，手握精兵强将的人都能当，哪里是什么天生的贵种呢"的烫手山芋，是一个藩镇敢于公然对抗中央、偏将敢于放逐杀害主帅、武将敢于取代皇帝的烂摊子，如何避免宋朝成为继五代之后的又一个短命王朝，是宋太祖需要直面的核心问题,而军事改革成为最为核心的环节。在这个过程中,宋太祖听从了名臣赵普(922—992)的计策,利用"稍夺其权,制其钱谷,收其精兵"的方针,削除了藩镇的财政权、行政权和兵权,解决了藩镇问题。另外,建隆二年(961)七月,宋太祖还利用"杯酒释兵权"的方法罢免了高怀德(926—982)、王审琦(925—974)、张令铎(911—970)等一批掌管禁军的宿将,利用资历较浅、级别较低的将领管理禁军。在此基础上,宋朝逐渐形成了一套管理相互制衡的"枢密院——三衙"统兵体制。对于"枢密院——三衙"统兵体制的相互制衡,宋人有相当清醒的认识。北宋中后期名臣范祖禹(1041—1098)总结道:"我大宋朝太祖太宗制定的军队管理办法精良,天下所有的正规部队管理权在枢密院,这个机构掌握着派遣军队、更换禁军驻防地等的权力,但是没有直接控制军队日常训练,正规部队的日常训练和管理属于三衙的工作,但三衙手握重兵却没有调动军队的权力,这样子分工合作,任何一个机构都没有可能一家独大,这就是大宋开基到现在130多年没有兵变亡国的秘密所在。"范祖禹道出了宋朝没有军队将领颠覆政权的关键所在,就是枢密院和三衙切割了军队日常军事训练和调动军队的权力,两者之间互相配合同时又互相牵制,没有哪一个机构有能力与皇权抗衡。

宋朝的枢密院,和宰相的办事机构"中书门下"合起来称"二府",中书门下是"东府",枢密院是"西府"。北宋时期,枢密院长官和副宰相(宋朝一般叫"参知政事")合起来成为"执政",若加上宰相(宋朝一般带有"同中书门下平章事"之类的官衔),就是宋朝中央政府最高的官僚集团——宰执大臣。枢密院的官员组成，有长官枢密使或知枢密院事，副长官为枢密副使或同知枢密院事、签书枢密院事、同签书枢密院事。宋太祖朝设置枢密使1名，到宋真宗朝用王钦若和陈尧叟同时为枢密使，以后成为"故事"，类似于习惯法中的惯例，开始设置2名枢密使，宋神宗朝之后又有变化，曾长达56年没有设置枢密使，一直到南宋高宗之后才恢复。枢密院是全国的最高军事管理机构，掌管全国军队调度、边疆防御、将士选派、后勤保障等。

三衙又叫三帅，是殿前都指挥使司、侍卫亲军马军都指挥使司和侍卫亲军步军都指挥使司的合称，这三个机构名称又常常简称为殿前司、马军司和步军司，它们是宋代国家机器当中至关重要的强力军事机构。之所以称它们为三衙，直接渊源有可能与唐代京师的禁军有"南、北衙兵"的叫法有关。宋朝建立之初，三衙尚未分开，仅仅是"殿前司"和"侍卫司"二司，经过宋太祖和宋太宗两朝改革之后，在宋真宗朝最终完成了"三衙"的格局。生活在两宋之交的著名文人叶梦得（1077—1148）在《石林燕语》中总结了三衙的官员编制，他说："二司三衙，编制合计有十二员，掌管天下所有的军队。"但在实际执行过程中有所变化，其中最为重要的是三衙四厢的"管军八位"，殿前都指挥使、侍卫亲军马军都指挥使和侍卫亲军步军都指挥使等所谓的"三衙"最高长官因位高权重不设置，"管军八位"按照等级高低，编制依次固定在殿前副都指挥使、侍卫亲军马军副都指挥使、侍卫亲军步军副都指挥使、殿前都虞候、侍卫亲军马军都虞候、侍卫亲军步军都虞候、捧日天武四厢都指挥使和龙神卫四厢都指挥使八个职位上面。

他们的长官由武将充任，主要负责守卫都城、宿卫皇宫、扈从皇帝，全权指挥军队、招募新兵、主管军事训练等重要内容。同时，三衙不仅仅统领在京师开封的禁军，绝大部分的地方禁军和厢军，在制度上也都属于三衙管理。

这两个机构的设置，实际上是宋代制度建设的缩影，也就是研究宋朝的人经常说到的"以防弊之政，为立国之法"。落实在机构设置上，就是这种本来可以一个部门负责的事情分成数个部门负责，本来一个人可以处理的事情分成数个人来处理，这样一来，权力一分为多，大家手里的权力自然变小，无从和最高统治者皇帝抗衡，犯上作乱颠覆政权的行为已经失去了存在的土壤。这样的制度甚至还同样运用在防范前线对敌作战的武将上。一方面，从宋太宗统治时期开始，皇帝经常向带兵作战的将领提供预先设计的"阵图"指挥前线作战，如果不按照阵图与敌军对垒，就是违抗皇帝命令，即便打了胜仗也会被责罚。肇始于宋太宗朝拘泥阵法、滥授阵图的做法，被后来的北宋诸帝王所继承。这样授阵图指挥千里之外的战争，剥夺将帅临阵处置的决断权，严重违背战争的基本原则，但这恰恰是北宋统治者控制将帅的手段。另一方面，利用监军制度约束和牵制武将行为。南宋时期有人专门询问著名学者朱熹（1130—1200）这样的问题："唐朝人为什么喜欢用宦官监军？"朱熹回答说："那是皇帝信不过派出去的将领，所以用身边服务的亲信宦官来监视约束。"宋朝对于将领出征，大概也是这种情况。宋朝政府"监军、钤辖、都监、巡检、走马承受"等名号由宦官担任的情况大量存在，其目的就是为了监督和约束带兵出征的将领。元朝人编纂的《宋史·宦者传》中强调，这些宦官以伺察军事将领不法行为当作自己的职责，甚至凌驾于将领之上，从而导致将领在作战期间畏首畏尾，难以抓住战机全力战斗。

综合以上，我们大体可以了解到，宋朝自立国之初就没有一刻松懈军队建设、军事理论提升和军事技术进步。经常谈到的"轻武"或者"抑武"，实际上特指的是"宋朝政府有意抑制武将群体和武力因素在国家政治及社会生活中的影响"。

二、宋朝的"重文"或"崇文"

五代遗留下来的社会风气是"枪杆子里出政权"，是一个"粗人以战斗取富贵"的时代，当时在社会上的流行语是"朝廷大事，莫共措大商量"，是"安定国家在长枪大剑，安用毛锥子"。所谓的"措大"，就是对文人的蔑称，意思是穷酸书生；所谓的"毛锥子"，指的是毛笔，也是代指文人。总而言之就是朝廷需要出台的大政方针，不用和那些没有用的穷酸书生费口舌。所以社会上形成的是强烈的重武风气，以至于有"五代以来，四方多事，时君尚武，不暇向学"这样的说法，正是那个时代的写照。甚至有些文人弃笔从戎，如生活于五代至北宋初年的焦继勋（901—978），早年喜欢读书，手不释卷，后来却毅然决然地选择武事为业，他感慨道："大丈夫当立功异域，取万户侯，岂能孜孜事笔砚哉！"宋朝建立之后，统治者一改五代时期尚武的风气，持续不懈地重视和推进文官建设和文事发展。

宋太祖曾经大力提倡读书。建隆三年（962），他对臣僚们说："今之武臣，欲令尽读书，贵知为治之道。"之后还曾感慨"宰相须用读书人"等，多次在不同场合以不同方式表达出文臣的重要作用。国家大政方针的变化，生活在其中的人都感同身受。极端者如大字不识一个的宋初武将党进（927—978），他在朝堂上竟然文绉绉地说道："臣闻上古其风朴略，愿管家好将息。"前言不搭后语，搞得朝堂上哄然大笑。后来有人问他为何要说这样的话，他强调说："我老是看见那些措大引经据典掉书袋，陛下每每称赞有加，我虽然是大老粗一个，偶尔掉那么一两句书袋，也要让陛下知道我还是读了点书的。"就是貌似憨痴如党进般的武将，也明显感到朝廷导向的变化。所以宋朝人有过这样的总结："国家自艺祖开基，首以文德化天下。"这是相当中肯的认识。

有关宋朝重视文化和文教的议题，前辈学者讨论相当成熟，综合而言大体有以下方面。

第一，在中央和地方政府当中，都开始重用文官。宋太祖在位期间，宰相先后任用了赵普、薛居正（912—981）、沈义伦（909—987）、吕余庆（927—976）、卢多逊（934—985）等文臣。与此同时，他还不断从中央派出文臣到各地任职，逐渐取代地方机构中的藩镇部将，结束了武夫悍将操纵地方行政的局面。宋太宗统治时期，由于科举制度的大发展，他使用的宰执群体大都是进士出身的文臣，大批科举及第者成为京师内外机构中的长官，自此文官成为宋朝官僚机构当中的主体，这样的局面一直延续到宋朝灭亡为止。

第二，拜谒孔庙用以传递尊崇儒学的重要信息。宋太祖刚登上帝位不久，就下令扩建儒家先圣祠庙，亲自拜谒孔庙，并以自己的名义为孔子撰写赞文，向天下传递一种尊儒学重文教的信息。建隆三年（962），宋太祖还下诏对宋朝境内所有供奉孔子的祠庙赐酒果等祭祀用品，下诏祭祀孔子祠庙用一品礼仪，在祠庙门口竖立16支戟的"棘门"。宋人范祖禹对于宋太祖这样的行为总结道："儒学复振，是自此始，所以启佑后嗣，立太平之基也。"宋太宗在位期间，率领群臣先后三次拜谒祭祀孔子的文宣王庙，使用非常隆重的礼仪表示对孔子的尊崇。继宋太祖、宋太宗之后，宋真宗、宋仁宗也都先后拜谒孔庙，宋真宗甚至在大中祥符元年（1008）东封泰山之际，专程到孔子老家曲阜（今山东省曲阜市）孔子墓前奠拜，亲自撰写赞文并刻石，为孔子加谥号为"玄圣文宣王"，有宋一代尊崇孔子到达中国古代一个高峰时期。

第三，大力发展科举取士制度。在宋太祖朝，一扫前朝帝王忽视士人的做派，形成了天子亲自主持的"殿试"制度，相当于把取士大权收归自己掌握，使得所有及第举子都成为天子门生，赢得了士大夫们的普遍认同。宋太宗即位之初，就亲自主持科举考试，一次录取进士、诸科和特奏名多达500多人，超过了宋太祖在位17年的总和，反映出了宋太宗"兴文教"的决心。从此之后，科举取士制度得到了空前发展，一直延续到宋朝灭亡。据学者统计，宋朝320年间一共举行过118次科举考试，贡举登科人数，正奏名进士43000多人，正奏名诸科17000多人，两者合计有6万多人；特奏名进士、诸科约有5万人，各类科目登科人数约有11万人之多。所以宋代流行着一首托名宋真宗的《劝学诗》：

富家不用买良田，书中自有千钟粟。

安居不用架高堂，书中自有黄金屋。

出门莫恨无人随，书中车马多如簇。

娶妻莫恨无良媒，书中自有颜如玉。

男儿若遂平生志，六经勤向窗前读。

读书风气大盛的宋代，遂有"科举社会"的美称。南宋前期著名文臣洪迈（1123—1202）在《容斋随笔》当中这样说："科举取士，自太平兴国以来恩典始重。"总结得相当准确。大量及第士人直接授官步入仕途，成为宋代官僚体系当中的主力，这批文臣士大夫在"抑武"方面也做出了不懈努力。

此外，宋朝统治者还投入大量人力和财力，组织编修大型典籍《文苑英华》《太平御览》《太平广记》《册府元龟》等，并校勘核定经典书籍，作为推行和重视文化的手段。在这样环境下成长起来的士大夫，自然而然熏陶出一种轻视武将和武事的态度。宋仁宗朝知名士大夫，也是提拔本书主人公狄青的第一个伯乐——尹洙（1001—1047），就曾经这样说道："状元登第，虽将兵数十万，恢复幽蓟，逐疆虏于穷漠，凯歌劳还，献捷太庙，其荣亦不可及也。"大致意思是在宋朝科举考试当中高中状元是非常荣耀的事情，即使率领数十万大军收复燕云十六州，驱逐强敌高奏凯歌大胜而归，在太庙当中向皇帝献上胜利的捷报这样巨大的功劳，和高中状元相比，也实在不值一提。尹洙在当时还是对军事和军人相当了解的文臣,尚且有这样的想法和言论,那么更多不懂武事的文臣对待武将和军事的看法,肯定更甚于尹洙。

在这样的时代大环境下,本书主人公狄青从一个基层农家子弟应募入伍,黥面刺字,借着两次少数民族侵扰边境,北宋政府焦头烂额的机遇,通过自身的努力成为接近宋朝权力顶峰的"枢密使",是普通人逆袭成为成功人士的典型。然而,这样的成功又变成文臣攻击他的突破口,导致狄青最终外贬而亡,年仅50岁。狄青的悲哀是在文臣们的攻击下造成的,更是重文抑武大环境下的必然结果,归根到底是一个时代的悲哀。下面,笔者按照时间的发展顺序,结合时代背景渐次展开,力图为大家描绘出一个历史上"非虚构"的狄青。

第一章

◎

出自农门,拔足行伍

一、出自农家,似曾为乡里恶少年

山西省汾阳市位于山西省腹地,现今属于吕梁市下辖的县级市,西边依靠吕梁山,东边濒临汾河,地势西北高东南低,自然地形大体均匀分成了山地、丘陵和平原三个部分,各占三分之一左右。汾阳市是现在中国最大的清香型白酒生产基地,闻名遐迩的汾酒、竹叶青都产自这一地区,享誉中外的中华名酒第一村——杏花村也属于汾阳市管辖。在千年之前的宋朝,这里属河东路的汾州管辖,在五代和北宋初期曾经一度属于中原王朝和契丹等少数民族政权争斗的战争前沿,所以造就了当地的民风相当彪悍,我们熟悉的一位著名将领,也就是本书的主人公狄青,就出生在这片土地上。

狄青的籍贯相当确定,所有关于他的记载当中,都说他是汾州西河县人，也就是我们上面所说的山西省汾阳市。有关狄青的家世状况，现存资料中并没有很详细的记录，仅从他的墓志铭和神道碑相关记载中能够稍微考察一二，两者在相互印证的前提下，也可以相互补充。

墓志铭和神道碑在安放位置方面截然不同，墓志铭随着墓主一起下葬，埋于墓中，神道碑则立在墓前，供后人瞻仰。不过，两者都属于记载墓主传记的石刻，把逝者生前无论是家族世系、德行学养、政绩功业、婚姻子嗣等情况，高度浓缩为一份个人的"简历"，用于彰显墓主生平功绩，寄托家人哀思，所以在行文风格方面，两者有很多相似的地方，同时，墓志铭和神道碑是对墓主生平事迹叙述最为翔实的资料。唐宋时期，一个人去世之后，家人为死者求墓志铭和神道碑之类的文字，是有很大讲究的。神道碑按照规定是五品以上官员才能用的，若官员没有达到这样的级别，就不能使用神道碑这样的称呼，所以有些称"墓表"，有些称"墓碑"之类，其实性质是相似的。官宦人家的墓志铭和神道碑，一般是死者家人请文采比较好或在当时社会上比较有名望的文人撰写，依托名家不朽的文字以便于墓主永存，内容以死者生平仕宦政绩为主，附加他的家世、婚姻关系等。以上是墓志铭和神道碑写作的一般原则，然而，具体到狄青的墓志铭和神道碑则稍有不同。

狄青墓志铭的作者是余靖（1000—1064），字安道，号武溪，韶州曲江人，也就是今天的广东省韶关市人。他宋真宗咸平三年（1000）出生，比狄青大八岁。宋仁宗天圣二年（1024）余靖考中进士时，狄青还在老家西河县游手好闲不务正业。他在仕宦过程中曾经对狄青有过很激烈的批评和鄙视，不过后来平定宋朝南部边疆叛乱的时候，被狄青的能力所折服。所以狄青去世之后，他应狄青儿子狄谘（？—1100）的请求为狄青撰写了墓志铭，这属于我们刚才提到的一般情况。狄青神道碑的作者是王珪（1019—1085），字禹玉，他祖籍成都华阳，也就是今天的四川省成都市。他宋真宗天禧三年（1019）出生，比狄青小八岁，年幼时随叔父迁居舒州（今安徽省安庆市潜山市）。庆历二年（1042）王珪考中进士，当时狄青正在西北战场上奋勇杀敌，这是作为榜眼的王珪肯定知道的事情。传世文献当中没有狄青和王珪交往的任何记录，但狄青去世时王珪是翰林学士，宋仁宗专门指定王珪为狄青撰写神道碑。皇帝专门下诏为死者撰写神道碑，在宋代有制度性规定：一是死者必须是功劳卓著的人，二是神道碑作者必须是翰林学士或者知制诰之类代替皇帝起草文书的官员。在整个北宋时期，奉皇帝旨意撰写的神道碑，据材料中显示，应当不超过30人次，除了狄青之外，还有王旦（957—1017）、向敏中（949—1020）、寇准（961—1023）、王钦若（962—1025）、杨崇勋（956—1035）、吕夷简（978—1044）、富弼（1004—1083）及司马光（1019—1086）等诸多重要的宰执大臣。所以，奉皇帝圣旨撰写神道碑，对于死者和他的家族而言，是帝王礼遇的最高形式，是相当尊崇和荣耀的事情。王珪这次撰写狄青的神道碑，不是基于私人关系或者家人邀请，而是奉皇帝旨意撰写，属于神道碑写作的特殊情况。

余靖在狄青墓志铭中记载道："赠太傅讳应之曾孙，赠太师讳真之孙，赠中书令讳普之少子，汾州西河人。远祖唐纳言梁文惠公仁杰，本家太原，危言直节，再复唐嗣，子孙或从汾晋，世为著姓。"大致可以这样理解，狄青的曾祖父名叫狄应，祖父名字叫狄真，父亲名字叫狄普，狄青是家中最小的儿子，他们家族能够坐实的祖先，可以追溯到武周时期著名宰相狄仁杰（630—700）。这里虽然明确了狄青在家中是最小的儿子，但是他究竟有几个兄弟，单凭这一条记载是没有办法搞清楚的。幸好，这样的缺憾在王珪为狄青撰写的神道碑中得到了补充，王珪这样写道："狄始周成王封少子于狄城，因以为氏，其后代居天水。至梁文惠公乃大显于有唐，其子孙或徙汾晋，闻公实西河人。赠太傅曰应，于公为曾王父，是生真，赠太师；太师生普，赠中书令，其配曰充国太夫人侯氏，公其次子也。"需要稍加解释的是，狄梁文惠公指的也是狄仁杰。狄仁杰去世之后，被追封为梁国公，谥号为文惠，所以有狄梁文惠公这样的称呼。在王珪笔下，我们不但印证了狄青先世和祖上三代的姓名准确无误，还补充说明了狄姓来源于周成王少子所封的狄城，属于流传已久的大姓，而且还提到了狄青母亲为侯氏、狄青为家中次子等关键信息，也就是说狄青上面只有一个哥哥。

然而，这种墓志碑铭文字也存在其自身的问题。一方面，不管墓主是谁，都有显赫的先世，亦即所谓的"攀附祖先"现象相当普遍；另一方面，不管墓主生前是善是恶，墓志碑铭文字当中都不会出现对他的负面描述，就是所谓的"隐恶扬善"书写风格。以上这两点是墓志铭和神道碑中普遍存在的，所以这样的文字常常被人讥讽为"谀墓"文。在宋代若墓主姓杨，很多时候会往上追溯到祖上为汉代的杨震，郡望为当时天下第一高门；若墓主姓田，墓志中大多数情况会描绘出他们是战国时候田忌的子孙；若墓主姓诸葛，大概率会写成是三国时期诸葛亮的后人。同时，类似墓志碑铭文字叙述方式有自身的逻辑，那就是远祖不容置疑，大都是这个姓氏历史上最著名的正面人物。同时，祖父和父亲辈无论是高级官僚还是寂寂无名，也都比较清楚，这是墓主人家族日常生活当中耳闻目见的真实存在。然而，从远祖到祖父中间的世系和名讳，很多在墓志碑铭文字中难以自圆其说，有的简单提到各个时代的同姓知名人物，有的就直接用"难以备述"之类的话带过，这实际上是攀附祖先、制造郡望的惯常书写方法。具体到狄青也不例外，虽然墓志铭和神道碑当中一直在强调他是狄仁杰的后人，但余靖在墓志铭中这样写道："远祖唐纳言梁文惠公仁杰，本家太原，危言直节，再复唐嗣，子孙或从汾晋，世为著姓。"王珪在神道碑中称："至梁文惠公乃大显于有唐，其子孙或徙汾晋闻。"实际上除了狄仁杰之外，世系发展基本上一无所知，实在无法勾勒出他们的世系关系，所以两者是不是真有类似的血缘关系，实在难以核实，这也是两人在写作过程中用"或"字闪烁其词的原因所在。

　　有关这个问题，狄青自己实际上是有清晰认识的。生活于北宋晚期的晁说之（1059—1129）在《晁氏客语》中记载："五代郭崇韬既贵，而祀子仪为远祖。本朝狄青，人劝尊梁公，辞曰：子鄙人，岂可以声迹污梁公。"晁说之对比了五代时期郭崇韬和狄青在富贵之后的行为，郭崇韬做了宰相之后，祭祀时把唐朝郭子仪的牌位安放在自己的家庙中当作远祖，狄青当了枢密使后，也有人劝他把狄仁杰作为先祖来祭祀，而狄青却拒绝得相当果断。狄青称自己家世贫寒，实在不敢高攀和玷污了唐朝名相狄仁杰，一个攀附祖先，一个实事求是，两相对比高下立见。北宋百科全书式人物、著名科学家沈括（1031—1095）在《梦溪笔谈》当中也有类似记录："狄青为枢密使，有狄梁公之后持梁公画像及告身十余通诣青献之，以谓青之远祖。青谢之曰：'一时遭际，安敢自比梁公。厚有所赠而还之。比之郭崇韬哭子仪之墓，青所得多矣。'"狄青当了枢密使之后，狄仁杰的后裔便拿着狄仁杰的画像和他在武周时期做官的委任状——"告身"到狄青府拜谒认亲，称他们是同宗。狄青很委婉地拒绝了这次最有可能攀附成为狄仁杰家族后嗣的绝佳机会，他说："我个人能力有限，不过是一时侥幸得到皇帝的信任，而狄梁公这样的大贤天下绝无仅有，'北斗以南，一人而已'，实在不敢高攀。"最终，狄青对到府上的狄仁杰后人赠与很多钱物，以表彰他祖先的英勇事迹。在沈括笔下，特别强调劝狄青的不是别人，正是狄仁杰的后人。这个故事在宋代笔记小说当中被人反复提及，而且不同人笔下有不同的版本，但最后的结果都是以狄青拒绝认祖归宗而告终。类似的故事和同样的结局，不禁让人产生更多的联想，这可以和南宋著名史学家李焘（1115—1184）在《续资治通鉴长编》中记载的另一件事情对比观察。庆历三年（1043）正月，朝廷任命华州明法狄国宾为本州助教。任命狄国宾是当时的枢密直学士狄棐（977—1043）强烈推荐的，狄国宾是狄仁杰的后人，他为了结交权贵，就把狄仁杰做官时候的告身送给了当时的枢密直学士狄棐，狄棐得到了狄仁杰告身之后十分开心，就向朝廷推荐狄国宾为官，从此之后以狄仁杰第十四世孙自居。狄棐，字辅之，潭州长沙（今湖南省长沙市）人，宋真宗咸平三年（1000）进士甲科及第，王安石（1021—1086）曾经给狄棐撰写神道碑，虽然在文中极力让他与狄仁杰拉近关系，但实际上仍然无法按照谱系顺序将他与狄仁杰清晰勾连在一起,狄棐与狄仁杰之间,估计实在是八竿子打不着。一文一武,一个坦然接受极力标榜,一个反复拒绝果断撇清,更加能够彰显狄青的了不起。从宋人笔下描绘出的狄青拒绝攀附狄仁杰为祖先的事情来看,他自信务实的优秀品格值得大书特书。

需要说明的是,有人通过余靖和王珪的文字,认为狄青曾祖、祖父和父亲都曾经当过太傅、太师和中书令之类的高官,所以狄青属于官宦子弟,类似当下的"官二代",这其实是不懂北宋职官制度的误读。《宋史·职官志》对赠官有明确规定,"自宋太祖以来,凡是文武升朝官、诸司使和诸司副使、军队当中马步都指挥使以上"这类人,他们的祖上三代在某种特殊场合都可以被封赠一定官职,这种所谓的官职只是象征性的,没有任何实际意义,类似家族一人高官,可以光宗耀祖的意思。墓志铭和神道碑中记载狄青曾祖、祖父和父亲三代获得的官职,正是他们去世之后宋廷赏赐的赠官,能够得到封赠没有别的原因,只是因为狄青官居高位,这绝对不能认为狄青曾祖、祖父和父亲本身就是五代和北宋的官员。北宋著名的文学家苏轼(1037—1101)在《书狄武襄事》一文中曾提道,"狄武襄公者,本农家子","武襄"是狄青去世后宋廷所赐的谥号,是对逝者一生行为的高度概括。从苏轼笔下我们可以得知,狄青实际上出生在一个普普通通的平民家庭当中。另外,在明清有关狄青的一些演义小说中,写到狄青的曾祖父狄泰(狄青墓志铭记载为狄应)是五代后唐明宗时期的翰林学士,文学修养极高;祖父狄元(狄青墓志铭记载为狄真)是宋太宗时期的"两粤总制",在边疆赫赫有名,武功卓绝;父亲狄普则是太原府总兵,威震一方,总而言之狄青是一个出身于文能安邦武可定国的官宦世家的子弟,这样的小说既没有注意到狄青曾祖与祖父的姓名在史料当中全部都记录在案,又没有考虑苏轼所强调狄青"农家子"的实际情况,实为无稽之谈。相关的故事情节,企图把狄青的成功部分归结为优秀的家庭教育,类似龙生龙、凤生凤、老鼠后代会打洞。这样的安排似乎更容易让人理解和接受,但这是严重背离事实的,诸如此类的记载在一定程度上弱化了狄青成功是一部个人奋斗史的历史真实,并不科学。

根据墓志铭和神道碑的记载可以推算,狄青出生于宋真宗大中祥符元年(1008),是宋辽"澶渊之盟"(1004—1005)之后的第三年。这一年宋朝中央发生了一件重大事件,那就是当时皇帝宋真宗为了洗刷"澶渊之盟"为非常屈辱的"城下之盟"之耻,在道统上宣誓自己才是天下独尊的帝王,于是决定封禅泰山。同时,宋真宗还亲自到曲阜(今山东省曲阜市)祭拜孔子,尊崇孔子和文教达到了一个高峰时期。而且,在宋太祖、宋太宗和宋真宗持续不断重视文教政策下,读书科举成为当时人成功的标志,根据学者研究可知,在9—13世纪也就是北宋和南宋所处的时代,社会各阶层的识字率普遍提高,包括普通的平民阶层。另外有学者根据北宋潞州地区出土的平民墓志观察到,当地普通民众读书的风气是比较盛的,读书人的数量也较多。在这样的环境下,狄青兄弟二人少年阶段似乎也应该在家人的督促下读书就学。若按照家庭的安排,狄素和狄青兄弟二人会走上读书科举、耕读传家之路,如果顺利的话,科举及第进入官僚阶层,光耀门楣。

假如科举不顺利，那么有可能会返乡做一位教书先生，或者做一个占卜师，也有可能当一名文吏，等等，从事和文化有一定关联的事情。或者仅仅是像父辈一样继续务农，期待子孙再通过读书翻身。不过，狄素和狄青显然没有按照家庭安排，走这样一条按部就班的坦途。

狄素和狄青少年时期和其他男孩儿一样，从小就顽皮好动上蹿下跳，不喜欢舞文弄墨，读书并不用心，上树掏鸟下河摸鱼的事情倒是干了不少，是让父母不省心的主儿。随着年龄增长，狄青热衷于骑马射箭，父母渐渐难以驯服，于是由着他们折腾，兄弟二人在乡里找了一个略懂武艺的师傅，跟随师傅练得了一些武艺，逐渐在乡里"混"出了一点名堂，身边甚至还汇聚了一帮"里间侠少"。说得好听一点，狄青他们是一群行侠仗义打抱不平的"少侠"；说得难听一点，这样一批人类似"古惑仔"，心智尚未完全成熟，做事不计后果，若没有人适当引导，一般而言会发展成乡村当中难以遏制的"恶少年"。

宋仁宗天圣元年（1023）狄青16岁，这一年的夏天，哥哥狄素和村里一个绰号叫作"铁罗汉"的人因为一点小事儿在河边起了争执，并逐渐升级为双方互殴。两人从河边打到河里，狄素在愤怒之下不计后果，将铁罗汉的头按到水中导致铁罗汉溺水昏迷。本来是看热闹的围观众人看出了人命，顿时乱作一团，有人赶紧去通知狄青家人说狄素打死了铁罗汉，有人跑去通知里正说狄素杀了人。狄青正在地里干活儿，听说哥哥的事情之后也很快赶到现场，不久之后里正也到了案发现场，保长、里正见到地上躺着的面色苍白的铁罗汉，就要绑了狄素去见官。狄青拦住里正说："里正大人，和铁罗汉斗殴的是我，是我失手将他推下水的，但我不知道他不识水性才导致现在的情况，和我哥哥毫无关系，我哥哥是为了保护我才认罪的，您千万不要冤枉了他。"狄青虽然年少，但为人讲义气，平日里保长催督赋税、维护治安时经常跑前跑后乐于帮忙，保长本来就熟悉他的为人。再加上狄青平日里骑马射箭、舞枪弄棒以及和里间侠少交往颇多的事实，保长一干人等就相信了狄青，有鉴于人命关天他们也不敢怠慢，于是很快放了狄素去绑狄青，狄青又接着说："保长大人先不着急绑上我去见官，您放心，我绝对不会逃跑，大宋刑律我很清楚，逃跑会累及家人。现在请大人您允许我先去救铁罗汉，刚才他只是在河中溺水时间过长，但不至于溺死，若果真是溺死而无可挽回，要杀要剐悉听尊便。"在征得保长同意之后，狄青和大家一起按压铁罗汉腹部施救，铁罗汉吐出许多水后苏醒过来，保长见人没有死，也就对双方口头训诫了事，狄青也免于牢狱之灾。

宋朝《刑统》中规定，甲乙双方打架斗殴期间，甲方原本无心杀人但致乙方死亡，甲处以绞刑，保留全尸；若斗殴期间使用诸如管制刀具等器械，则是有杀心，处以斩刑，身首异处。若这次铁罗汉没有被救活，那么属于没有杀心但导致对方死亡，用现在的法律术语叫"过失杀人"，狄青将要被处以绞刑，相当严厉。从狄青勇于代兄受过的行为可以看出，一方面他和哥哥感情深厚，他个人很重感情，甚至不惜牺牲自己的性命保护家人安全，敢于担当；另一方面说明狄青思维敏捷、临危不乱。这些从小养成的优秀品质，奠定了他以后战场杀敌、指挥战斗的良好基础。

这一则故事在狄青施救溺水的铁罗汉时还加上了神秘色彩："狄青心里

默默祈祷，如果我以后能飞黄腾达，就不会栽在这件事上，铁罗汉一定能够复活，结果铁罗汉果然吐出数斗水之后复活。"看似荒诞不经的故事记录者是大文豪苏轼，苏轼在记录这件事时特别说明，故事的讲述者是狄青的儿子狄咏（？—1097后），两人在宋哲宗（1077—1100）刚刚即位的元祐元年（1086）一起接待契丹使者，夜晚一起聊天时说到的。据狄咏的说法，他之所以知道这件事，是他在宋仁宗嘉祐年间（1056—1063）回家乡安葬父亲时闻自家乡父老的，毋庸置疑。故事虽然现在看起来有荒诞不经之处，但在狄青飞黄腾达之后，种种神迹附加在他身上并且在乡里父老之间口耳相传，或许属于正常现象。就像现在某个偏远地区出了一个了不起的人物，当地也会说他小时候多么多么厉害、多么多么神奇之类的故事。

需要说明的是，经常有人认为狄青脸上有刺字，就发生在这一次代兄受过的时候，类似《水浒传》中宋江、林冲、武松等犯罪后的刺配刑罚。如果熟悉宋朝的法律制度和刺字习惯的话，就知道这个说法实际上是不准确的。因为涉及狄青脸上是因犯罪刺字还是其他情况，对于他个人而言意义重大，所以在这里必须特别辨析。就这一问题，笔者试图从宋代法律制度和刺字习惯两个方面加以说明。

一方面，依据宋朝既有法律条文规定，狄青、狄素和铁罗汉斗殴这种情况，尚未达到需要处以刺字的惩罚。宋朝刑法体系当中有主刑和从刑之分：主刑是我们通常了解到的五种基本刑，按照严重程度小大顺序为"笞、杖、徒、流、死"。每一种基本刑又可以细分，如死刑就有"斩首、绞杀、凌迟、杖杀、腰斩"等不同用刑方式。从刑又叫附加刑，宋朝附加刑最主要的有配隶刑和编管刑，这些通常适用对象是重罪犯。宋代建国初期为了减轻对罪犯的处罚，推行"折杖法"作为"笞、杖、徒、流"基本刑的代用刑。例如，犯人张三按照大宋法律条文需要"流放三千里"，具体执行时使用折杖法折算后只需要"杖二十，配役一年"，犯人张三不再流放到外地，就地服役即可。在折杖法实施的前提下，流刑实际上在实施过程中已经不具备"流放远徙"的性质，所以宋朝政府在流刑的本刑之外，常常利用附加刑当中"配隶刑"的方法来惩处重犯。举例说明，宋朝对于机密情报泄露处罚相当严厉，法律规定："传报漏泄朝廷机密事，流二千五百里，配千里。"这条法律当中"流二千五百里"是"笞、杖、徒、流、死"五刑体系当中的"流刑"本刑，执行期间折成"杖脊十八"，并不会真的把犯人流放到2500里之外；"配千里"是附加刑当中的"配隶刑"，需要在犯人脸颊或额头刺"配某州牢城"等字样发配到千里之外。具体到狄素这次和铁罗汉斗殴事件上，由于铁罗汉最终被救活，没有出现伤人性命，实际上并不是大罪。

宋朝《刑统》规定："对于打架斗殴的处罚，若是用手脚打斗而没有使用其他器械，斗殴双方当事人都要受到竹板打四十下屁股。若使用器械打人，或者将他人打伤，需要受到杖棍打六十下背部。这里说的器械，是指除了兵器之外的任何他物，包括板砖、桌腿、擀面杖之类；这里说的打伤，是指轻微伤，见血就算，哪怕是手指甲抓出血，也算伤。假若伤稍微重一点，以至于拔掉方寸以上的头发，就需要受到杖棍打八十下背部。若流血的地方是眼睛、耳朵以及口吐鲜血，罪责各加重贰等。斗殴过程中假若打掉人的牙齿、咬掉或扯掉人的耳朵鼻子，打瞎一只眼以及导致他人手足骨折，或者是用火烧伤及热水烫伤他人，要受到一年的徒刑。打落两颗牙齿，折断两根以上手指以及剃掉他人头发者，要受到一年半的徒刑。"这些都是折杖法之前需要受到的处分。

这次狄素和铁罗汉打斗，虽然没有更为细致的记载，但我们可以通过常理尝试进行推断。

首先，两人打架斗殴是偶然发生的。之所以认为这次打架并不是事先约架，是因为以狄青血气方刚的年龄和在乡间的所作所为，兄长约架他一定会毫不犹豫地前往助拳，绝不至于反而去田间劳作装作毫不知情。

其次，由于事出偶然，所以狄素和铁罗汉两人故意携带兵刃之类的可能性较小。两人打斗过程中主要是拳脚相加，没有使用兵刃等器械，即便使用他物，最大的可能也不过是随手摸到的棍棒、石头或者板砖之类。

再次，两个人身上的伤应该都不会太重。由于所使用器械相当有限，没有杀伤性武器，所以他们两个人主要是鼻青脸肿头上起包之类的轻微伤，也许会有指甲划伤之类的流血刮擦伤，若再严重一些，也许会有折齿、折手足指之类的外伤，但基本排除肢体残废之类的严重伤害。

综合以上分析大体可知，上述引用的法律条文基本上适用于狄素和铁罗汉斗殴事件，那么这次狄青代兄受过，最严重的惩罚不会超过"徒一年"的本刑，执行期间使用折杖法折成"杖脊十三"，绝对不至于加上附加刑脸上刺字发配到其他州军。从之后的生活经历也能证明，这次事件发生之后狄青仍然在家乡生活，一直到20岁为止。通过以上方法推测，狄青脸上刺字一定不是发生在这一时期。

另一方面，狄青脸上的刺字应该不会是犯罪之后的结果。宋代刺字至少可以细分为四种情况：第一种是作为一种刑罚对犯罪分子面部或其他部位刺字。这种刺字我们最为熟悉，宋朝中央或地方负责刑罚的部门会对需要刺配的犯罪分子额头刺"强盗""免斩""刺配某州牢城"等，凡是有这样刺字的人，相当于在脸上贴了一个罪犯的标签，让社会上的人敬而远之，这样的犯罪分子有时候会被宽大处理充军。我们看《水浒传》时，经常看到一些人给梁山好汉们冠以"贼配军"的蔑称，还是比较接近宋朝实际情况的。第二种情况是对招募的士兵面部或手背刺上小字，用来识别军号，防止士兵逃跑。北宋时期禁军刺字，分别刺诸如"天武、龙卫、忠猛、效顺"等军号，厢军更多的是在额头刺六个点等。第三种情况稍微有些极端，是士兵主动刺一些表示志向或誓言的词语。如宋仁宗庆历年间（1041—1048）贝州（今河北省邢台市清河县）王则发动叛乱，士兵脸上刺"义军破赵得胜"；南宋初年，抗金名将王彦（1089—1139）部下脸上都刺"赤心报国，誓杀金贼"八个字，故称"八字军"。这样的军队和敌人短兵相接，一定是血战到底，断无投降的可能，因为脸上的刺字，即便投降也不会有好下场。第四种是个人因爱好而刺字的自发行为，类似现代年轻人赶时髦的纹身。最为知名的是荆州一位叫葛清的巡街小卒，这位"葛大爷"是唐朝大诗人白居易（772—846）的资深粉丝，他"自颈以下，遍刺白居易舍人诗"，还在诗文旁边刺上图画，全身图文并茂，人们戏称他是"白舍人行诗图"。

通过对不同刺字情况的厘清，我们可以发现，若狄青是因为犯罪遭到流配刺字，那么脸上会刺上"刺配某州牢城"字样，这是他一生当中难以洗刷的"污点"。后面我们会讲到，当狄青做了高官之后，宋仁宗曾经让他处理掉脸上的刺字，他回答说这是激励部下建功立业最好的手段，不必费心抹去。那么我们有理由相信，狄青的刺字一定是从军之后所刺的禁军军号，而绝不可能是有天壤之别的犯罪后"刺配某州牢城"。

宋仁宗天圣五年（1027），正是民间故事《狸猫换太子》的主角刘太后（968—1033）垂帘听政如火如荼的那段时间，上一年西京洛阳（今河南省洛阳市）和福建路（范围大概是今天的福建省）遭遇了特大水灾，刚进入三月份，南京应天府（今河南省商丘市）和周边几个州也出现了大小不等的水灾，秦州（今甘肃省天水市）发生地震灾害。七月，黄河在滑州（今河南省安阳市滑县）决口。九月，陕西转运使上报当地因干旱导致蝗灾严重，百姓秋粮近乎绝收。全国各地的奏疏如雪花般地飞往京师开封，弄得刘太后和宋仁宗焦头烂额。同时，天圣五年是朝廷开科取士之年，上一年度在地方上获得解额的士人们已经从全国各地汇聚首都，力图在千军万马过独木桥的科举省试当中脱颖而出，金榜题名。然而，和科举士子、地方奏疏一起到京师的，还有一位汾州西河县20岁的青年人狄青，他是到京师开封应征入伍的，最终成功进入禁兵军营，系名于"拱圣军"中。也许是在这个时间或稍后，狄青取字"汉臣"，寓意向汉代著名将领卫青一样英勇杀敌，令敌人闻风丧胆。

有一种说法是，狄青参军之前在家乡已经担任类似乡书手一类的职役，主要负责催督赋税。北宋中后期张舜民（？—1086后）在《画墁录》中记载称："狄武襄，西河书佐也，遘罪入京。"书佐就是乡书手的别称，这是宋代乡役的一种。大略上讲，宋代的"役"是平民义务向国家服务的活动，乡役主要活动范围在广大的乡村地区。在贵官贱吏的宋朝，乡役人不是由中央政府任命的，他们地位低下，官方不支付薪水，没有固定的办公场所，更没有象征权力的官印。但是，乡役人是介于国家和乡村社会之间、官员和民众之间的一个不可或缺的群体，在填补县政和乡村之间的"权力真空"上起着极为关键的作用。由于充役没有薪水，所以有些能力较强，做事灵活的人从中徇私舞弊，获得一些经济上的实惠。宋朝中央政府委派的长官需要利用这些熟悉当地情况的吏人，以便于自己开展工作，对于他们徇私舞弊的情况虽然心知肚明，然而大多数时候睁只眼闭只眼，只要是不太过分就不追究。但是，狄青可能在赋税征收中太过放肆，西河知县已经决定拿他开刀以杀鸡儆猴，狄青是得到消息之后急急忙忙逃到京师的。就这样，一个"失足"青年在山重水复疑无路的时候进入军营，在军营当中逐渐改邪归正，发现了一片可以大展拳脚的天地，变成了一位"金不换"式的英雄。

然而，无论什么样的历史人物，后人在记录他们的生平事迹、言行举止的时候，常常会选择有代表性的、有影响力的、无法解释的，抑或猎奇式可以作为饭后谈资的内容大书特书，但青少年时期因没有可记录的东西而遭到有意无意的忽略，草根出身的狄青更是如此。以上所述就是我们能够最大程度上勾勒出来的狄青青少年时期的生活轨迹，除此之外因资料限制实在无法进一步深入考察，实属无奈。

另外，有学者从狄素、狄青兄弟二人取名用字中，推敲出了他们的肤色特征，值得在此着墨一二。狄青的哥哥狄素，应该是皮肤白皙所以冠名以"素"，而狄青本人肤色应该偏黑故冠名为"青"。这样的解读把"素"和"青"理解为颜色，很有想象力。但笔者觉得需要注意的是，"素"和"青"属于联名，两个字都是上下结构且带"丰收"的"丰"字，符合狄青家世代务农期待丰收的美好愿望，是不是能作为他们的肤色特征，在这里不敢断然下结论，暂且放置于此请读者自行判断。

二、黥面入伍，稳步成禁军好男儿

北宋的兵种较多，同样是宋朝官方记载也并不完全一致，有的地方认为宋朝军队有"禁兵、厢兵、乡兵和蕃兵"；有的地方认为有"禁兵、厢兵、民兵、土兵、蕃兵"等类型。其实宋朝较为常规和重要的兵种，有禁兵、厢兵、乡兵和蕃兵，民兵、土兵和弓手之类的则是作为常规部队的补充而存在的。禁兵是北宋的中央军队、正规部队，他们负责守卫京师和预备征讨戍边等，数量相当庞大，它的地位比其他兵种重要得多。宋初禁兵有20万之众，到宋仁宗统治初期，数量在100万左右。禁兵当中也可再按照不同番号细分，其中扈从皇帝的最为重要，被叫作"殿前司马军诸班直"和"殿前司步军御龙诸直"，这些番号的禁兵属于殿前司管理，充当诸班直者要在禁军中逐一挑选身材魁梧、武艺精强的人。诸班直实际上是军事编制的单位，每班直人员多少不等，宋仁宗统治时期可能有2000人左右。殿前司马军诸班直的统兵官员，有都虞候、指挥使、都知、副都知和押班，而殿前司步军诸班直的统兵官员有四直都虞候，每直有都虞候、指挥使、副指挥使、都头、副都头、十将和将虞候等。殿前司除了这些充当皇帝宿卫的班直单列之外，骑兵当中还有捧日，步军中有天武，这两者加上侍卫马军司的龙卫和侍卫步军司的神卫，统称"上四军"，是禁兵中最精锐的部队，他们主要驻防在京师开封周边，极少数驻扎于开封邻近的州县。另外各种番号的禁兵还有数十种，为禁兵中的中军和下军。这些禁兵的编制是上四军各分左右厢，每厢各设三军，每军各设五指挥（也称"营"），每指挥兵士满额为500人，也就是说满额的上四军总计有60000人，但实际上远远达不到这个数字，大概会有15000人。禁兵上四军之外一般不再设厢一级编制，直接设置军，每军有十指挥。厢一级的统兵官，长官为厢都指挥使，副长官为厢都虞候；军一级统兵长官是军都指挥使，副长官是军都虞候；指挥一级统兵长官是指挥使，副长官是副指挥使。在宋代军队编制当中，指挥是最重要的、最普遍的军事编制单位，是军队的基层单位，一般而言满额一指挥步兵有500人，马军有400人。指挥下又设置都，每都100人，马军每都设军使和副兵马使为正副长官，步军每都设都头和副都头为正副长官。此外还有十将、将、虞候、承局、押官等军官。

厢兵最初出现于乾德三年（965），当时宋太祖将各地的精兵收归中央成为禁军之后，剩下的老弱士兵留在本地称为"厢军"，他们名义上是常备军，事实上是各州府和某些中央机构的役兵。厢军不属于上场杀敌的作战部队，更类似于工程兵和后勤兵，他们主要负责修筑城池、制造武器、修路架桥、传递文书、治理水患等。厢军数量也相当庞大，宋真宗天禧年间（1017—1021）宋朝厢军数量有48万人之多，宋仁宗景祐年间（1034—1037）厢军数量是43.8万人，庆历年间（1041—1048）厢军数量是43.3万人。宋朝的乡兵与禁兵和厢兵不同，一般不脱离生产，多数乡兵是按照户籍来征发的，属于征兵，与禁兵和厢兵的募兵也不一样。他们的编制现在已经缺乏系统的记载，大体来说有些是参照正规军的编制设置，北宋晚期还参照保甲法来设置编制。宋朝的蕃军是为了应对西夏侵扰而设置的，属于归附宋朝的少数民族组成的部队，他们实质上是以部族为单位的，故不可能有整齐划一的编制。以上这些，就是宋朝部队中兵种的大致分类。

再说回天圣五年（1027）招募狄青的"拱圣军"，这支军队在北宋前期曾经先后三次改名。根据《宋史·兵志》记载："拱圣，指挥二十一。京师乾德中，选诸州骑兵送阙下，立为骁雄，后改骁猛。雍熙四年又改拱辰，未几改今名。"通过这条记载我们可以知道这支军队建军的来龙去脉。它成立于宋太祖乾德年间（963—967），兵员最初从各地的骑兵当中招募遴选到京师开封，名为"骁雄军"，属于殿前司管理，后来改名"骁猛军"，宋太宗雍熙四年（987）又改名"拱辰军"，最后定名为"拱圣军"。再查《宋史·兵志》当中骁猛军的建军记录这样说道："旧号骁雄，太平兴国中改。"可知骁雄军改为骁猛军时间在宋太宗太平兴国年间（976—983）。顾名思义，"拱辰军"和"拱圣军"都带有保卫皇帝的含义，他们的具体驻扎地点现在不能详细考察，不过大体驻防在开封城北，共计21指挥，合计1万人。

拱圣军虽然不是禁军中的上四军，然而作为北宋时期保卫都城的重要禁军之一，招募时对于身高、体重、视力、听力等身体素质和武艺、马术等军事素养都有着一套严格的标准，根据学者研究统计，假如张三遴选进入拱圣、神勇、胜捷、龙猛等军，身高要有 5.65 宋尺，约为现在 1.75 米强，要体格健壮、动作协调度高，还要检查视力和听力。例如，被检查人张三站在 15 米以外，捂住一只眼睛，检查人员伸出手指测试，看清楚并准确辨认几根手指为合格，否则为不合格，和我们现在招兵体检程序是类似的。而上四军的招募更为严格，天武第一军标准最高，身高需要达到 5.8 宋尺，折合现在 1.80 米。招募到不同的禁军当中，俸禄是不一样的，标准最高的收入也最高。狄青无疑是通过了这一系列入伍前体检才进入拱圣军的。

狄青加入拱圣军，打下了人生永远抹不去的印记——刺字。前一节我们已经辨析了，狄青的刺字不属于犯罪之后的刺配，而是属于参军这种类型，其额头上应当刺"拱圣"之类的字眼。也只有这样的刺字，在狄青功成名就时皇帝让他抹去，他才能理直气壮地强调这是激励普通士兵报效国家、建功立业最好的方法。

宋真宗"澶渊之盟"（1004—1005）后的很长一段时间，宋朝和北方强敌辽国、西北地区党项族李德明（981—1032）之间一度处于和平状态，狄青服役于拱圣军，日常以军事训练为主，有时候皇帝出行会作为仪仗队扈从，并没有过多参与实战的机会。即便如此，狄青还是表现出相当良好的军事素质，经过自己的不懈努力和表现，他由拱圣军的普通士兵升为"骑御马直"。"骑御马直"隶属于骐骥院管辖，此机构成立于宋太宗太平兴国二年（977），刚成立时分左右番，太平兴国八年（983）分为二直，叫作"骑御马左、右直"，后来增加到八直。北宋时期骑御马直的编制是 131 人，其中设置有指挥使副、军使、十将、小底等，小底为最低一级有资级的军吏。他们的主要职责是掌管皇帝常朝及行幸时引驾、从马等随马照应，以及调教御马等事务。这与骐骥院主要负责皇帝御用马匹的饲养、调习、烙印以及为王公大臣挑选马匹等事宜完全吻合。关于这次升迁，也符合《宋史·兵志》中的制度规定，倘若"骑御马直小底"数量不足，就在拱圣军和骁骑军中选择年轻力壮且骑射精良的兵士进行填补。狄青便是在万余名拱圣军兵士中，由于才能出众、骑射精良、年轻力壮，从而脱颖而出的。

狄青在成为骑御马直小底一段时间之后再次被升迁为"散直"。散直是北宋禁军番号，隶属于殿前马军诸班直，在重要性上已经超越禁军中的上四军，是保卫皇宫最重要的近卫骑兵禁旅。散直共有四班，分别为散直左第一班、散直左第二班、散直右第一班和散直右第二班。这支队伍成立于宋太宗雍熙四年（987），成立之初对士兵要求很高，主要来源于地方募兵所设置的藩镇厅头军将，以及敲击登闻鼓自我推荐求试武艺且考试合格的士兵。宋真宗咸平元年（998）士兵的选拔标准有所改变，充任散直的士兵主要有两类：一类是遴选地方节度使身边的亲信，另一类是由骑御马直小底当中提拔。这为骑御马直小底狄青能够顺利进入散直打开了一条通路。宋仁宗统治时期，散直的选拔标准又有所变化，若有阙额，可以从殿前马军诸班直中的"员僚直"、殿前司步军御龙诸直和骐骥院下属的"骑御马直小底"三类军士当中选拔补充。

通过自身的努力，由禁军中军"拱圣军"的一名普通士兵，成长为御前禁旅殿前马军诸班直，狄青用了整整10年时间，他也从一个20岁的懵懵懂愣头青变成了成熟稳重的中年人，在这期间狄青还娶妻生子，他的妻子魏氏不是名门大户出身，但持家有方，一家人其乐融融，这点我们在后面还要单独再讲，这里暂且略过。在狄青参军之初，曾经发生了一件有趣的事儿。天圣五年（1027）科举发榜之际，整个开封城热闹非凡，24岁的状元王尧臣（1003—1058）春风得意，正在夸街游行，狄青和军中几个不错的哥们儿也在街上驻足旁观。其中一个人说道："看这位，年纪轻轻就考中状元，高官厚禄、富贵荣华很快就会接踵而至，再看看咱们哥儿几个，年轻的时候在军营混一混，老了之后凄风冷雨，惨淡人生啊。都是两个肩膀扛着一个脑袋，差别怎么这么大呢！"其他几位都表示认同，还有人打趣说道："谁让你小时候不好好读书，在夫子让你学习时你不是睡觉，就是逃课玩耍，怨不得别人呀。"狄青却说："人和人之间的差别要看能力大小，不必老盯着出身不放，就算是没有读书科举，我们还是能够干出一番事业的，最终结果不一定比他这个状元差到哪里去。"同伴们听了哈哈大笑，很不以为然，有一个甚至嘲笑狄青简直是痴心妄想，好比癞蛤蟆想吃天鹅肉。狄青却微微一笑并不争辩。这事或可说明，狄青在年轻时就有远大的抱负。而这样的抱负，在宋朝和西北党项族边境矛盾逐渐升级过程中最终得以施展。

宋朝西北边境，有众多少数民族，这些少数民族当中有些死心塌地归附宋朝政府，诸如麟州杨氏、府州折氏就是如此；有些相当强硬誓死不从；有些则采取相对灵活的归顺方式换取自己的利益最大化，说得难听一点就是两面三刀，叛附无常，而这当中最为棘手的就是党项一族。

唐朝末年，党项族首领拓跋思恭（？—895）参与了平定黄巢起义，被唐朝皇帝赐姓李，封爵夏国公，授予定难军节度使，管辖夏州（今陕西省榆林市靖边县）、宥州（今内蒙古自治区鄂托克前旗）、绥州（今陕西省榆林市绥德县）和银州（今陕西省榆林市米脂县）四州，成为西北地区实力较强的割据势力。宋朝建立之初，定难军节度使李彝殷（？—967）表示臣服，为了避宋太祖父亲赵弘殷（899—956）讳，自己改名李彝兴。乾德五年（967）李彝兴去世，赵匡胤追封他为夏王，他的儿子李克睿（？—978）继续授予定难军节度使，名义上听从宋朝统治，实际上仍然属于割据势力。宋太宗太平兴国四年（979），宋朝进攻北汉，定难军节度使李继筠（？—980）还派出军队协助宋军。这一阶段宋朝和定难军李氏名义上一直保持着君臣关系，而这样相对和谐的关系随着李继筠的去世被打破。李继筠去世之后，弟弟李继捧（962—1004）继任定难军节度使一职，太平兴国七年（982）五月，当时任绥州刺史、西京作坊使的李克文（？—982后），也就是李继捧的叔叔向宋太宗上表状告李继捧，认为他继承定难军节度使毫无根据，宋太宗想借着这个机会实际控制这一地区，所以就很快派遣使者到当地调查，召李继捧到开封询问，任命李克文为权知夏州事，安插宋朝官员西京作坊副使尹宪（932—994）为同知夏州事。

　　李继捧接到宋太宗命令，毫不犹豫地动身到了开封，这一举动让宋太宗相当高兴，因为从宋朝建立到现在，四代定难军节度使从未亲自到京师朝拜过，这是开天辟地第一回。不仅如此，李继捧还送给宋太宗一个超大礼包，因为他和族中叔父及兄弟矛盾重重，所以他愿意留在京师，献出自己定难军管辖下的四州八县之地。宋太宗大喜过望，把这看作是漳泉陈洪进（914—985）之后的又一次纳土献地，这是超越哥哥赵匡胤的一项重大功绩。宋太宗当即厚赐李继捧，并以家族团聚的名义前往夏州护送他的五服以内亲属到京师开封，根本目的是一举彻底消除李氏在定难军的势力。在这期间，一个漏网之鱼成为宋太宗的心头大患，那就是李继捧的族弟，时年17岁的银州蕃落使李继迁（963—1004）。

在李继捧家族集体内迁的时候，李继迁假称要安葬乳母，带领十余人向北逃窜到地斤泽（今内蒙古自治区巴彦淖尔），他虽然也向宋朝进贡马匹，但不奉宋朝诏令，这令宋太宗十分不满。雍熙元年（984），时任夏州知州的尹宪对生活在地斤泽的李继迁发动突袭，杀死部下数百人，擒获李继迁母亲、妻子，烧毁帐篷400多顶，得到羊马等万余只，李继迁仓皇之下孤身逃走，从而开启了宋朝和党项族之间的战争。继雍熙二年（985）小规模骚扰开始，雍熙三年（986）李继迁投靠辽朝，依托契丹为后盾不断对宋朝西北边疆发起进攻，战火不断，这样的战争一直持续到宋真宗咸平六年（1003）为止。

这一阶段不仅仅是宋朝和李继迁交恶，在北部边境和辽朝关系也极度恶化，是宋朝和辽朝战争最激烈的时期。太平兴国四年（979），宋太宗率军亲征并灭亡北汉后，他挥师北上想要拿下幽州（今北京市），恢复燕云十六州之地，完成周世宗、宋太祖想做但都没有做到的丰功伟绩，从而开启了宋朝和辽朝的战争。双方在战场上动用了大量的军事力量，消耗了巨大的人力、物力和财力，战争一直持续到宋辽"澶渊之盟"签订。所以在宋太宗朝和宋真宗统治前期，宋朝要同时面对辽朝的大举进攻和李继迁的不断骚扰。战争对于双方的消耗都很大，李继迁连年征战，虽然小有胜利但士卒伤亡也不少，赖以生存的农牧业生产遭到了较大破坏，所以他景德元年（1004）去世前，告诫他的长子李德明（981—1032）和宋朝对抗要注意策略，自己是前车之鉴，可以使用非必要不对抗的方针。

宋朝一方连年应对辽朝和李继迁的进攻，也是疲于应付，朝中大政方针从宋太宗的锐意进取过渡到了休战羁縻政策。在李继迁去世后，朝廷多方招谕，李德明最终表示臣服于宋，在经过一番讨价还价之后，双方于景德二年（1005）签订和约，李德明接受宋朝所赐国姓，改称赵德明。西北边境出现了一个相对稳定的和平环境，景德四年（1007）已经能够看到"民人安居，旷土垦辟，稼穑丰茂"的繁荣景色。然而这也带来严重的后果，体现在两个方面：一方面是导致宋朝西北地区军备松弛。宋真宗在景德三年（1006）下诏："西边州军，现在赵德明已受朝命，缘边地区可以适当驻扎一些步兵，其他的重兵可以分开驻扎到河中府、永兴军等地，以方便军粮输送。"在选驻边境地区守臣时，宋真宗也有自己的道理："西北边境地区的守臣要选择不无故惹是生非的人，要以休养生息为重，要以保持和平环境为重。"坚决主战的名将曹玮（973—1030），就被宋真宗以"长时间在边境驻守，劳苦功高，不升迁官职实在是寒了边疆军士的心"等借口调回京师开封。这样一味姑息、松弛边防的做法无疑是自毁长城。另一方面，无视甚至纵容了赵德明对河西地区的攻略和兼并。关于这一问题宋朝士大夫不是没有意识到，吏部尚书张齐贤（942—1014）就曾经向宋真宗上奏说："赵德明现在虽然臣服我大宋，但他近年来不断进攻河西地区的六谷部，若他得手之后，更西边的瓜州（今甘肃省酒泉市瓜州县）、沙州（今甘肃省酒泉市敦煌市）、甘州（甘肃省张掖市甘州区）、肃州（甘肃省酒泉市肃州区）以及于阗（今新疆维吾尔自治区和田市）等地，估计会被他逐步蚕食，这样一来他们势力强大，万一反过来攻击我大宋，恐怕会变成心腹大患。"宋真宗自己虽然也清楚其中利害，但并没有任何行动，最终使得党项实力一步步强大起来。

宋仁宗明道元年（1032）赵德明去世，其子赵元昊即位，这是大夏政权发展史上的重要阶段。如果说李继迁反宋性质属于被迫自卫后的自立，元昊就是将这种自立提升到建立民族国家的高度。赵德明在世时，就察觉到元昊经常表现出来向宋称臣是奇耻大辱的情绪，他就告诫儿子说："我们长时间征战绝对不是好事儿，敌视宋朝更不是好的决定，我们党项近三十年的大发展，全都是在与宋朝和平共处的前提下取得的，这一点一定要记住。"元昊反驳父亲道："穿着皮毛做的衣服，从事游牧生活，本来就是我们党项人的天性所在，征战沙场称王称霸才是英雄所为。"于是，在元昊继承父亲的王位之后，有计划、有目的地开始了他的王霸事业。赵元昊是辽朝的驸马，他即位之后辽朝很快就册封他为大夏国王。宋朝得知赵元昊即位的消息之后，也匆忙册封他为西平王、定难军节度使。我们前面所说的"大夏"，就是宋朝史籍中常常出现的西夏政权，因其地理位置处于宋朝西部，故有这样的称呼，为行文方便，我们后文称"西夏"。

赵元昊虽然当时接受了宋朝的封号，但他一改父亲赵德明臣服宋朝的政策，表现出相当强烈的"自立"态度，开始着手他的建国大计。在筹备建立国家的过程中，赵元昊有意识地突出党项民族的特点，把这种方式作为争取党项族人拥护的手段。他即位之后不久，就废去唐朝和宋朝所赐给的两个所谓的国姓——李姓和赵姓，以自己是元魏王室的后裔自居，鉴于拓跋氏族姓过于普通，于是改姓"嵬名氏"，改名曩霄（为行文方便，以下仍称元昊）。关于"嵬名"，不同文献记载有所区别。李焘在《续资治通鉴长编》当中经常写作"威明"，明代宋濂（1310—1381）在编撰《元史》时写作"於弥""乌密"和"吾密"等，这些实际上都是西夏文直接音译过来的。就像我们现在称乐器 guitar 为吉他，称饮料 Coca-Cola 为可口可乐，称饮品 coffee 为咖啡一样。"嵬名"的具体含义，学者们也众说纷纭，有一种说法认为类似于"元魏后裔中的知名家族"，这与元昊强调自己是拓跋氏之后高度吻合，或许可以聊备一说。元昊还自称"兀卒"，有时候又写作"乌珠"或者"吾祖"，这个没有西夏文的对应文字，是党项语音译。根据宋朝人的理解，"乌珠"意译过来是"青天子"的意思，他们称呼宋朝皇帝为"黄天子"。关于这种称呼，学界存在两种说法：一种说法认为，这是元昊的意图，即要成为和宋朝皇帝"黄天子"平起平坐的"青天子"。另一种观点则认为，按照中国古代"天玄地黄"的传统说法，元昊自称"兀卒"是根据尊天信仰而来的。中国北方少数民族多存在尊天信仰，天空苍蓝，鲜卑拓跋氏改汉姓为"元"，元就是"玄"，就蕴含了代表天空之青色。元昊所称"兀卒"，尊自己为"青天子"，而认为宋朝皇帝为代表土地的"黄天子"，体现了那种不接受宋朝藩属地位，且有超越压倒之意。

同时，元昊发布了秃发的命令，恢复鲜卑族的故俗，强迫统治范围内的民众三日内一律秃发，否则即刻处死。又更改服饰，创制党项民族自己的文字，就是现在所称的西夏文。元昊还模仿宋朝创立自己的官僚制度、军队管理制度，升兴州为兴庆府（今宁夏回族自治区银川市），扩建宫殿，还借口"明道"年号犯父亲赵德明讳，更改为"显道"。这一系列措施，提高了党项民族族众的民族意识，把党项族列为首位，稳定部落联盟，巩固和加强了团结的力量，以便摆脱原来宋王朝的影响和控制。

军事方面，从宋仁宗景祐元年（1034）开始，元昊先后进攻回纥、唃厮啰、归义军等政权，切断了吐蕃与宋朝之间的沟通渠道，稳固了政权的大后方，并派军队小规模骚扰宋朝边境州军，借以试探宋廷的态度。具有讽刺意味的是，在元昊按计划、分步骤地准备称帝立国的同时，宋朝竟然视而不见，仍然奉行姑息政策，眼睁睁看着元昊一步一步坐大。

宝元元年（1038），元昊向宋仁宗上表，谎称要去五台山（在今山西省忻州市）供奉佛祖，实际上是利用这个机会侦察宋朝河东道路，为大规模侵宋做好充分准备。他又和各个部落首领歃血为盟，相约对宋朝发起大规模的军事进攻。同年，元昊在兴庆府正式称帝，自称"始文本武兴法建礼仁孝皇帝"，改元"天授礼法延祚元年"，次年（1039）正月，元昊上表宋仁宗，宣称他受西北各个少数民族的拥戴，正式称皇帝，国号为大夏，要求宋朝正式承认这一结果，他在上表中写道："臣祖宗本来是皇族后裔，在东晋末年创立了元魏。臣的远祖拓跋思恭，在唐朝时候率领军队平定黄巢叛乱，拯救唐朝于危难之中，被唐朝皇室赐给国姓。祖父李继迁知人善用，在他的不懈努力下，周边民族部众没有敢对抗的，沿边的灵州、夏州等七个州并肩前来降服。父亲李德明继承祖业，悉心经营，听从大宋朝的命令，被大宋册封为定难军节度使，夏、银、绥、宥、静等州管内观察处置押蕃落等使，加封'西平王'。臣继承列祖列宗遗留下来的事业，希望能发扬光大，在属下们的协助下创立了自己的文字，更改了服饰发式，回归到元魏时期祖先的真实状态。现在衣冠发式更改完成，党项文字推行顺利，礼乐器物已经准备妥当。吐蕃、塔塔、张掖、交河等地全都俯首听命。就目前的情况而言，称帝的时机已经成熟，让我仅仅做西平王，恕我难以接受。群臣反复敦促，箭在弦上不得不发，现在向您上表，愿意在灵夏地区建立国家，计划在十月十一日昭告上天，我的尊号群臣已经拟好，为'始文本武兴法建礼仁孝皇帝'，国号为大夏，年号为天授礼法延祚，请求得到您的认可。"

经过几代人的努力，西夏终于从一个藩镇势力，一步步成长为独立的国家。他们称自己国名为"邦泥定国"，这个西夏文音译到汉语就是"白上国"，汉语意思就是"崇尚白色的国家"，这与党项民族的信仰习惯有直接关系。

对于宋朝而言，西夏的建国和辽朝建国虽然都是少数民族建立自己的国家，但性质是完全不同的。以契丹族为主体的辽朝建国时间在公元916年，当时中原王朝处于五代后梁（907—923）统治时期，宋朝建国时辽朝已经存在半个世纪，所以对其一直当作独立政权看待。西夏在宋朝建立时表面臣服于宋，宋朝看待它一直是臣服自己的羁縻藩镇，甚至一度还纳入自己的版图范围，这样一个势力建立自己的国家，当然是宋朝所不能容忍的，鉴于当时形势，宋朝中央政府开始对西北边境的战略部署作一系列调整。宝元二年（1039）六月，宋朝以元昊谋反而削去所封官爵，关闭宋夏边境的榷场，张榜招募能擒杀元昊者给予重赏，狄青正是在这个时间被派到对西夏战争前线的。

战争是残酷的，但对于军人而言，保家卫国又是他们义不容辞的责任和使命，同时也可以打破论资排辈的升迁机制，提拔出一批真正有能力的军事将领，对于狄青而言，正可谓是施展其才华难得的机会。

在边境告急、国家危难面前，狄青义无反顾地离开了生活、工作12年的京师开封，赶赴当时战争的最前沿，从殿前司最精锐的班直序列，进入了完全不一样的北宋时期地方统兵体系序列当中。

三、奔赴沙场，的确是战场真英雄

北宋时期军权一分为三，《宋史·职官志》表述得相当清楚："枢密院掌握着兵籍和虎符，三衙掌管诸军日常训练，诸路帅臣直接负责指挥作战，三者各有分守。"在当时三衙禁兵的驻防和更戍是插花式的，驻扎在同一地区的禁军可能包括原本属于侍卫马军、侍卫步军和殿前司的多个指挥。以河东路太原府为例，北宋前期该地区驻扎禁军36指挥，其中殿前司统辖的马军安庆直、三部落和吐浑直计4指挥，侍卫马军司统辖的广锐军、骁骑军、克戎军等计8指挥，侍卫步军司统辖的雄武军、神锐军、神虎军、宣毅军等计24指挥。所以，各地不可能按照禁兵原有的厢、军、指挥等统兵体制加以管理，而无论原来属于哪一个司，是什么样的军号番号，一律按照守边御敌的需要在驻地被重新组织起来，另外委派所谓的"帅臣"，整合统一管理，负责镇守、作战等。枢密院和三衙我们在前文已经有过介绍，此处不再赘述，这里稍微谈一下"帅臣"。在宋人文献中，帅臣通常被看作是安抚使的别称，但就北宋历史的实际过程而言，帅臣语义显然经历了一定的发展演变。北宋前期由于武将担任的都部署一般为征战和驻防军队的统帅，所以他们被称为帅臣。宋真宗曾经夸赞去世的邠宁、环庆两路都部署、殿前副都指挥使王汉忠（949—1002）"好学知书，帅臣中实在不容易得到这样的人才"。宋仁宗朝宋夏战争开始时，随着文臣经略安抚使的陆续设置，以及文臣兼任都部署及以下统兵官制度的运行，原来武将所拥有的帅臣称号，逐渐转移到文臣经略安抚使或者安抚使身上，经略安抚司遂被称为"帅司"。在这里，我们先谈一下北宋前期的帅臣，有时候又被称为"率臣""主兵官员"或者"将帅之官"，这是一个包括都部署、部署、钤辖、都监、缘边巡检在内的职位体系——都部署体系，这也是宋仁宗朝宋夏战争前宋朝地方实际运作的，且随着宋夏战争进程逐渐瓦解的统兵体系。

在都部署体系下，边防军队的结构可以分成四层：第一层是"统兵官员"，包括上述的都部署，以及其属官部署、钤辖和兵马都监，还有一些相对独立的统兵单位——缘边巡检。第二层是"使臣"，即军中的"指使"，指的是在军中任职而没有明确职位的低级武选官和差使殿侍等候补武选官，通称为"指使使臣"。第三层是"军员"，指的是随队戍边的禁军军官。第四层是一般的禁军士兵。待到宋仁宗朝宋夏战争开始后，宋朝从根本上改变了武将出任都部署的体制，将以文驭武的政策贯彻到了各地统兵系统当中，具体而言，就是由文臣担任经略安抚使兼都部署，为一路帅臣。武将任副都部署，受到帅臣节制，平时负责军队的训练，战争期间则统兵出战，这就是北宋中期之后地方上新的统兵体制，也就是狄青在奔赴前线时的实际情况。这样的例子实在太多，例如，宝元元年（1038），宋廷下诏："知永兴军夏竦兼本路都部署、提举乾耀等州军马，泾原秦凤路安抚使、知延州范雍兼鄜延路都部署。"宝元二年（1039）正月，武将刘平任环庆路副都部署、兼鄜延环庆路安抚副使；武将石元孙为鄜延路副都部署。也就是说，武将刘平（973—1040后）和石元孙（992—1063）在某种意义上都是文臣范雍（981—1046）的副手。

随着宋朝西部边境战事逐渐紧张，宋廷下诏从全国各地禁军中选拔武艺高强、胆略过人的军士支援前线，狄青以殿前司马军诸班直的散直被征召为延州都巡检司指使，时间在宝元二年（1039）六月前后。狄青服役地点为延州，管辖范围大体是今天的陕西省延安市，距离西夏统治区域的夏州仅百里，处于宋夏战争的要冲，军事地位极其重要，当时的延州知州是范雍，他兼任泾原秦凤路安抚使，同时还兼任鄜延路都部署，是鄜延路军最高军事长官。在军事事务上的副手，是武将鄜延路副都部署石元孙。简单看一下该地区正副长官的履历：

范雍字伯纯，河南府（今河南省洛阳市）人，《宋史》有专门传记，他咸平三年（1000）进士及第，和吕夷简（978—1044）、陈尧咨（970—1034）为同年。范雍进士及第之后宦海沉浮，他曾经因处理环州、庆州少数民族骚扰边境有功，在天圣四年（1026）被授予右谏议大夫、权三司使，手握宋朝中央政府财政大权，天圣六年（1028）为枢密副使，成为宋朝的"国防部副部长"。景祐元年（1034）罢为户部侍郎外放，先后出知陕州、永兴军、河阳、应天府、河南府等。宋夏战争方兴，鉴于他处理过该地区少数民族问题，且经常谈论兵事，所以调任知延州兼鄜延路都部署。

石元孙字善长，家世地位相当显赫，他的祖父石守信（928—984）是宋太祖黄袍加身时的忠实追随者，父亲石保兴（945—1002）在宋太宗、宋真宗朝配得上猛将的称号，他是石守信的嫡孙，属于将家子。石元孙从天圣五年（1027）首次获得边地统兵官后，先后在澶州、莫州、保州、并州、代州负责军事事宜，景祐元年（1034）被任命为龙神卫四厢都指挥使，进入三衙管军行列。这样一位守边经验丰富、功绩昭著之人，在宋夏战争开始之后调任前线，也不意外。由此也可看出，宋廷任用人才考虑周全，并非颟顸无知。

狄青服役时为"都巡检司指使"，需要稍加解释。北宋地方统兵机构中，在都部署司之外，还有一些相对独立的统兵单位，那就是缘边巡检司，一般设置在宋辽、宋夏直接接壤的"极边"州军，狄青任职的延州巡检司就是如此。缘边巡检司的特点是以巡带守，属于"往来巡察"的性质。"指使"在边防军中一直大量存在，都部署司、部署司、钤辖司以及都巡检司等统兵单位当中都有指使。顾名思义，是在长官帐下听候命令、随时接受差遣的意思，这是低级武选官和禁军诸班直在边防军服务的一项重要名目。有的学者在叙述狄青这个职位时，直接写作"指挥使"，一下子把狄青提升为禁军掌握五百名军士的一个指挥的长官,是不准确的。

延州都巡检司指使、散直狄青到达延州之后,立即体会到了战争的残酷,西夏军队持续在边境地区骚扰宋朝军队,好友兼上司潘湜(？—1039)携带二子潘若愚(？—1039)、潘若谷(？—1039)和狄青一起到延州,潘湜当时为延州东路巡检使,是狄青的直属上司,在刚入冬的一次边地巡察过程中,他们遭遇西夏军队袭击,这一战宋军伤亡惨重,主将潘湜和两个儿子一同战殁,只是因救援部队及时赶到才免于全军覆没。狄青在这场小规模的遭遇战中见识到了什么是真正的战场,这绝对不是军事训练中的只分高下,而是既要分出高下,也要决出生死,对于狄青等在京师常年进行军事训练但实战经验缺乏的禁军来说,无疑是当头棒喝。看到共事多年的好战友、好上司竟然转眼间阴阳两隔,狄青的悲愤之情可想而知。但是,西夏的铁骑绝不会因狄青的悲伤而放慢脚步,还未安排好潘湜父子的后事,前线探马来报,西夏数万军队大举入侵保安军(今陕西省延安市志丹县),并且已经把保安军如铁桶般团团围住,若不及时救援,可能坚持不了多久就要失守了。军情紧急,鄜延路钤辖卢守勤(？—1048后)匆忙集结宁州都监郑从政(？—1040后)、延州东路权巡检使张建侯(？—1040后)等一万宋军,号称五万大军紧急支援。既为了替战友复仇,更为了保护家园不被外敌侵扰,狄青毅然披上盔甲。大军倍道兼程,一昼夜急行军一百余里,以迅雷不及掩耳之势到达了保安军城下,从保安军城东向西夏军队发起冲击,见到了援军的旗帜和潮水般的攻势,保安军城内军民士气大振,在北路巡检赵瑜(？—1052后)带领下,城中将士发起反攻。在战斗中,狄青披头散发、戴铜面具，率领的骑士们一马当先，奋勇杀敌，自己多处负伤但毫不退缩，最终击溃了来犯的西夏军队，打破了他们这次攻陷保安军的战略企图。

这是自和西夏开战以来，第一次在战斗当中取得胜利，捷报传来，宋仁宗喜出望外，很快赏赐了这次保安军守御和援助的将士们。因为狄青在战斗中表现得极其英勇，他由"延州都巡检司指使、散直"超四资破格提拔为"右班殿直"，正式获得了武选官身份。右班殿直是武选官阶官，很多时候简称为"武阶"，属于三班小使臣序列，品阶为从九品，这个武阶是狄青用来取得俸禄和论资排辈的标准，类似当代社会军队中的少尉、上尉、少校、上校、上将之类军衔。或者可以说，自此开始，狄青正式进入了北宋的军官行列。

庆历六年（1046）正月，赠太子太师范雍去世，史料记载了一件事关狄青性命的事情，南宋陈均（1174—1244）在《皇朝编年纲目备要》中记载道："范雍守延安时，狄青为小校，坐法当斩，雍贷之。"类似记载还见于《续资治通鉴长编》和《宋史·范雍传》当中。文字基本相同，除此之外再无狄青在延州触犯军法当斩的任何记录，虽然就这么十余个字，却字字重如千斤，我们能够从中想象一下，狄青先因犯罪被捉拿，经过审理被定以斩刑，在绝望和危急之际，当时鄜延路最高统兵官、延州知州下令暂且宽恕他，一幅幅剑拔弩张的画面扑面而来。那么，狄青是在什么时间违反军法，当时最有可能违反什么样的军法呢？需要我们逐一分析和猜测。

先试着回答第一个问题，这个需要从范雍知延州的时间上面加以考察。《续资治通鉴长编》当中清晰记载了范雍知延州和他离任的时间。他是宝元元年（1038）十二月，由吏部侍郎、知河南府任上改官为振武军节度使、知延州。康定元年（1040）二月，由于三川口一战宋军大败，范雍负有主要责任被处罚，朝廷委派环庆副都部署、知环州赵振（？—1049后）兼知延州。而狄青从京师开封奔赴西北战场的时间大概在宝元二年（1039）六月，所以狄青违反军法的时间应该在宝元二年（1039）六月到康定元年（1040）二月之间，这也与材料中说的狄青当时身份为"小校"吻合。

再说第二个问题，这需要从北宋使用的军法上去辨析。宋朝的军法大体可分为"律令格式"四种："律"相当于基本法，类似我们现在的宪法。"令"相当于处罚依据，类似我们现在的刑法、治安管理处罚条例等。"格"相当于修整和补充规定，类似宪法修正案、司法解释等。"式"相当于专门法，类似民法、经济法。宋初编纂有《宋刑统》，属于律的范畴，宋真宗景德元年（1004）曾颁布了《临阵赏罚之令》，是宋代具有原创性的战时军法。在此之后，很多条款随着时间推移有所修订，但整体性的条令没有出现。宋仁宗康定元年（1040），韩琦（1008—1075）曾经编成了一部《康定行军赏罚格》，但早已亡佚不存，内容无从得知。宋仁宗庆历三年（1043），曾公亮（999—1078）奉诏编纂的《武经总要》当中有"赏格罚条"，是现存最为完备的宋代战时军法。狄青在违反军法时，最有可能使用景德年间之后的罚条修正案，但现在我们无从寻找，只能暂且使用距离他时代最近的《武经总要》记载加以对照。

笔者查阅了北宋曾公亮编纂的《武经总要》，军中赏罚之法的罚条律文共有72款，内容规定相当严密，几乎无所不包，其中兵士触犯了其中67条，都要被处以斩刑。根据学者研究，这72款律文可以分为12个大类，我们可以试着猜测一下，年龄32岁、从军12年的狄青，最有可能触犯了何种罚条。这其中，个人以为有9大类惩治对于狄青而言是可以直接排除的：第一类是对贪生怕死行为的惩治，共5款，其中4款为斩刑。第二类是对贻误战机行为的惩治，共6款，其中4款为斩刑。第三类是对贪赃枉法行为的惩治，共5款，皆为斩刑。第四类是对不尽忠职守行为的惩治，共10款，皆为斩刑。第五类是对掳掠奸淫行为的惩治，共5款，皆为斩刑。第六类是对扰乱、蛊惑军心行为的惩治，共5款，皆为斩刑。第七类是对泄露军机、私议军事行为的惩治，共7款，皆为斩刑。第八类是对行军、驻营不如法行为的惩治，共6款，其中4款为斩刑。第九类是对军用器物处置不当行为的惩治，共3款，皆为斩刑。对于一个人生观、价值观已经定型，勇于任事、能征善战之人而言，在上述方面似乎不会出现问题。

另外3大类中的某些条款，是狄青最有可能出现问题的地方：

第一类是对贪功滥杀行为的惩治，共3款，皆为斩刑，分别为战争过程中偷取他人所获首级、打败敌人后因争抢俘虏斗殴导致受伤，以及杀害战俘。这3款罚条当中前两种对于狄青而言似乎可以排除，第三种因为战争期间宋军伤亡惨重，西夏军队如虎狼一般击杀宋军的情形就发生在身边，甚至战友的鲜血染红了自己的盔甲，此情此景历历在目，所以狄青面对敌人俘虏是否能够保持足够的理性，值得深思。

第二类是对风纪不肃行为的惩治，共3款，皆为斩刑，分别为盗窃其他兵士的物品，恃强凌弱恐吓其他兵士、酗酒滋事喧哗恶骂，以及在军中博戏赌钱物。这3款罚条当中前两种对于狄青而言似乎也可以排除，第三种在军中博戏赌钱物，对于刚到前线作战之人或许可以认为是一种休息和放松手段，可以借助此类消遣活动降低创伤后应激障碍发生的概率。而且，狄青在做到统兵官之后，在某些军营当中还适当鼓励兵士赌博，目的是促使输了钱的兵士在前线奋勇杀敌获得更多的赏钱，这个我们在后面还要交代，所以"军中博戏赌钱物"若发生在狄青身上，或并不意外。

第三类是对擅自行动、不遵军令行为的惩治，共14款，皆为斩刑，这其中有规范统兵官的罚条4款，和狄青无关；还有规范兵士行为的如临阵先退、收兵徐行、贼远乱射箭等7款，于狄青而言似可排除。另外3款涉及违抗主将一时之令、不服差遣、追逐贼军没有按照将帅指定的远近等，这些涉及战场上变化万千的战机，是按照主帅的固定要求，还是可以见机行事，就狄青的战斗经验而言，或许后者更符合战场上的生存法则，若上述情况发生在狄青身上，个人觉得或许是有可能的。

通过对上述军法当中67款死刑规定的排除，笔者以为狄青此次触犯军法，可能是杀降，也可能是军中博戏消遣，还有可能是战场上见机行事，没有机械执行主帅命令。当然，这些都是在常识认知状态下的一种猜测，由于资料限制，实在无法坐实，这一记载给后世留下一个无法解开的谜团，同时也留下了无尽的想象。但无论如何，范雍这次刀下留人，对狄青而言是一辈子的教训，一辈子的感恩，这促使他时时反思、时时警醒，在以后的军旅生涯中更加谨慎，更加坚决，为成为一代名将打下坚实基础。在这个层面上说，范雍可以称得上是狄青人生道路上的贵人。

需要指出的是，狄青在对西夏军队作战过程中，经常以披头散发、戴铜面具的形象出现，为什么会这样，不同学者有不同的说法。有人认为他是因为要遮住脸上的刺字，甚至认为刺字的不良影响波及国家声誉，这是属于遮丑的行为，笔者觉得这纯属个人臆测。狄青当时入伍10年，身边所有军人都有刺字，不至于他一个人戴面具是为了遮丑。另一种说法是狄青长得眉清目秀，风度翩翩，简直可以称得上是"北宋第一大帅哥"，类似400年前的东魏权臣、北齐奠基人高欢的孙子兰陵王高孝瓘。史书上记载兰陵王"才武而面美，常著假面以对敌"，用现在的话讲就是武艺高强，能力突出而容貌俊朗帅气，打仗时常常戴着面具。狄青应该也是如此，他担心自己过于俊俏的容貌不足以威慑敌人，故而在冲锋陷阵的时候披头散发且戴上铜面具，让自己显得神秘粗犷，在视觉上甚至心理上对敌人产生强大的冲击力。如果真是这样的话，那么狄青戴铜面具则属于"遮美"的行为，这样的说法并没有直接证据，但部分传世文献的记载可以作为旁证。例如，有记载狄青儿子狄咏长得十分帅气，宋哲宗为其姐姐择驸马，要求长相要以狄咏为标杆，因为社会上都称赞他是"人样子"，大概意思就是标准的帅哥。所以清人在《万花楼杨包狄演义》中描述狄青外貌时候称："生来堂堂一表，身躯不长不短，肥瘦合宜。面如傅粉，唇似丹朱，口方鼻直，目秀眉清，看来不甚像个有勇力有武艺之辈。"或是基于对史料理解之后的升华，故狄青披发戴铜是"遮美"行为，或可以聊备一说。

第二章

◎

建节西陲，初涉政争

一、遭遇伯乐的边境猛将军

宝元二年（1039）十二月的保安军战役不久，西夏军队又以万余人、号称三万精兵，进攻延州城东北200里的承平寨（在今陕西省榆林市绥德县境内）。就在准备攻寨之时，宋军数千人突然从寨中杀出，打了西夏军队个措手不及。西夏将领很奇怪，根据探事人的报告来看，承平寨宋军不足千人，战斗力一般，怎么如此难攻？原来，和他对峙的宋军将领竟然是并不驻防而恰好经过的仪州刺史、鄜延路兵马钤辖许怀德（？—1049后）。当时科举出身的延州知州兼鄜延路都部署范雍，没有过多领兵打仗的经验，他因这两次胜利，开始高估自身的军事能力，又低估了西夏的实力与决心。而元昊则重新审视了双方实力，采用有策略的军事进攻，在宋夏边境造成一系列严重后果。

康定元年（1040）正月，元昊率领大军声东击西，先放言进攻延州，让范雍重兵屯驻防守，又突然从土门再次进攻保安军。范雍慌忙中命令驻扎在庆州的鄜延、环庆路副都部署刘平和鄜延路副都部署石元孙救援，待二人领兵到达保安军时，才发现保安军已经没有西夏军队，元昊已经攻下金明寨（在今陕西省延安市安塞区），活捉了金明都监李士彬（？—1040后），进而围困延州。于是两人又带着疲兵支援延州，元昊施展围点打援的战术，在延州外的三川口（在今陕西省延安市）布下天罗地网，等待宋朝援军。当时已经68岁的主帅刘平一向轻视元昊，他恃勇冒进，在三川口遭遇伏击后完败，刘平和石元孙被俘，宋朝军队死伤惨重，这就是历史上著名的"三川口之战"。元昊重创宋朝援军后，率领把延州团团围住的西夏军队全力攻城，计划全歼延州宋军的有生力量。这段时间狄青一直坚守在城门，甚至为了打退敌人进攻而缒城突袭反击，虽能屡次击退来犯之敌，但仍然无法打破西夏军队铁桶般的围困。在城内指挥体系混乱近乎崩溃之际，一场突如其来的暴雪让宋朝军队获得喘息机会。暴雪整整下了三天三夜，西夏军士和军马冻伤无数，后续保障体系难以为继，而且极端天气下继续攻城已经绝无可能，故在延州被围十二天后开始撤退。

这次战役让狄青迅发成熟，他不但更加深刻地领会到了战争的残酷，同时也意识到，单打独斗的个人英雄主义在大规模军事行动中是何等的微不足道，更明白了军事将领临阵指挥的重要意义，以及将领们目光短浅可能会导致严重的后果。

三川口一役大败，对北宋朝廷来说打击极大。主帅刘平是将门之后，他父亲刘汉凝（？—1016后）出身行伍，曾经随着宋太宗亲征北汉，宋真宗朝在对辽战斗中多次立功。刘平自幼受到父亲熏陶，擅长骑马射箭，但他的仕宦却走了一条艰难的科举之路。他通过景德二年（1005）科举进士及第，当时已经33岁，天圣元年（1023）由文换武后，处置边防和军队事宜一直相当成功，深得宋朝文臣和武将的共同认可，所以在60多岁的高龄时仍然被委以重任，处理西北边境对夏战争事宜。刘平当时为侍卫步军司副都指挥使，在三衙管军当中排名第三，可以说是宋朝能够派出的最有能力的将领。如何进一步筹划西北边境地区的防御，宋廷虽然在人事任命上有所变动，但总体思路并不清晰。

康定元年（1040）二月二十八日，鄜延路都部署、知延州范雍很快被降职，委派环庆副都部署、知环州赵振为神龙卫四厢都指挥使、鄜延路副都部署兼知延州。不过赵振能力并不足以扭转当时局面。在赵振赴任时，西夏军队不断骚扰延州周边堡寨，鉴于大军新败士气不振，他决定采取相对保守的消极防御政策，在保卫延州的名义下始终没有派出援军，最终导致金明寨、安远寨（今甘肃省天水市甘谷县）和塞门寨（在今陕西省延安市安塞区）等堡寨先后陷落。故上任不足两个月，就被贬为白州团练使、知绛州。五月初一日宋廷安排陕西都转运使、工部郎中、天章阁待制张存（984—1071）为龙图阁直学士、知延州接替赵振。张存字诚之，冀州信都（今河北省衡水市冀州区）人，景德二年（1005）进士及第，自仕宦之日起从未接触过军事，也没有对兵事发表过任何言论，他得到这次任命之后相当不情愿，甚至拖拖拉拉，与前任交接日期晚了近一个月，且讨论边事时，张存动辄强调自己一介书生、素不识兵，又托口年老多病的父亲膝下无人照顾，乞朝廷能授一方便养亲的差遣。从赵振和张存两人的延州知州的任命来看，这一阶段朝廷的人事任免实属过渡性质。而这一过渡在委任范仲淹（989—1052）和韩琦（1008—1075）统一负责西北战事之后最终得以结束。

康定元年（1040）五月二十六日，宋仁宗下诏任命范仲淹和韩琦为西北边境最高统兵官，全权负责对夏作战事宜，"以起居舍人、知制诰韩琦为枢密直学士，陕西都转运使、吏部员外郎、天章阁待制范仲淹为龙图阁直学士，两个人同时兼为陕西经略安抚副使，并兼同管勾都部署司事"。这一任命，是宋仁宗和二府大臣反复讨论之后的决策，因为当时的宰相吕夷简（978—1044）和范仲淹一直关系不和，所以这次吕夷简主动推荐范仲淹任西北战区总指挥，在很多研究者眼中是"将相和"的象征，是"吕范解仇"的最有说服力的根据。对于这种影响力极大的观点，需要稍加厘清。个人以为，研究者在强调吕夷简和范仲淹关系缓和的时候，忽略了宰相吕夷简借推荐范仲淹为自身赚取更多名声和利益的事实，这可以从三个方面展开讨论。

第一，就推荐范仲淹的结果来看，吕夷简赢得了较高声誉。北宋名臣司马光（1019—1086）在《涑水记闻》中的记载很能说明问题："当时吕夷简从知大名府再次充任宰相，他对宋仁宗说道，范仲淹能力出众，可以委以重要职务。朝廷讨论后就任命范仲淹为龙图阁直学士、陕西经略安抚使。宋仁宗认为吕夷简是宅心仁厚、不计前嫌的长者，天下人都说吕夷简不念旧恶，举贤不避仇。"第二，吕夷简在推荐范仲淹的同时，还推荐对他屡屡不满的富弼（1004—1083）出使契丹，名义上也是外举不避仇的行为，但实质上有着更为深层的原因，李焘在《续资治通鉴长编》中就说："宰相吕夷简对富弼不依附自己的行为非常恼火，所以就推荐他出使契丹，而且在富弼出使之际偷偷换出来已经写好的国书，想借助这个阴谋陷害富弼。"这样卑鄙的手段，是因私废公的行为。第三，宋朝和西夏战事方起，当时的情况是宋朝久疏战阵，战败是常态，胜利一般属于意外，如何平定西北战局是当时的难题，所以士大夫都很怕被皇帝派到战争前线。为此，朝廷甚至不得不下诏，若"文武臣僚授边任而辄辞者，令御史台举劾之"，在这样的背景下，吕夷简推荐朝廷委派到最前线的不是有治兵经验之人，而是范仲淹、韩琦等与自己政见不合且毫无统兵经验的文臣，是举贤还是借机陷害，也值得读者去深思。

有关这一问题，当事人的记录是最有说服力的。范仲淹在接到任命之后，曾先后两次给吕夷简上书，均表达了自己的质疑。第一则在讨论西夏战事时，范仲淹说道："前段时间三川口一战，名将刘平战败身亡，范雍资政也因此被责罚贬官，现在任命韩琦与我做前线总指挥，总体而言还是不能有所突破，听说最近又要任命夏竦、陈执中等负责永兴军路和秦凤路等，以希望大家一起努力平定元昊叛乱。朝廷一而再再而三地委任文臣作为总指挥，而没有一个是精通军事的武将，这样的安排符合常理吗？也许有人会认为这是宰执大臣对文臣的奖励，但这样的人事安排，实在是外行在指导内行，不但会被明眼人嘲笑，更要引起有识之士的愤怒。"第二则书信是范仲淹在辞邠州观察使时强调指出："现在西夏元昊大敌在前，若前线战事不能有所起色，要受到朝廷严惩。此情此景，以诗书为伴的儒臣文吏们如何能够游刃有余地应付？以名将刘平那样的超强能力尚且不能取得一胜，其他人更是等而下之，这是吕相您亲眼所见的。西北战事关系着国家之安危，生民之性命，我范某人哪有这么大的能力独立承担呀！"综合以上内容，笔者以为吕夷简推荐范仲淹可以说是一举多得的行为，既有举贤不避仇的美名，又有排斥政敌之实，且有陷害异己之嫌，其动机并不单纯，不宜以此简单化认为是吕夷简示好范仲淹以求和解的证据。

然而，范仲淹的伟大之处正在于此，他接到了朝廷的命令后义无反顾地奔赴前线，为拯救国家的危难不顾个人安危。范仲淹上任不久之后，发现延州知州张存做事推三阻四，以诸多借口推卸责任，这对于全力对抗元昊百害而无一利。见此情景，范仲淹于康定元年（1040）八月二十日上奏朝廷，表示自己愿意兼任知延州，把重担挑到自己肩上。范仲淹这次兼职，终于使得狄青归于他的麾下，可谓是猛士逢良帅，宝马遇伯乐。然而，狄青之所以能被范仲淹赏识，还要源自于他邂逅泾原路经略判官尹洙（1001—1047）的一段趣事。

尹洙字师鲁，河南洛阳人，他出生于宋真宗咸平四年（1001），宋仁宗天圣二年（1024）进士及第，在地方上任职多年，入职中央不久就卷入知开封府范仲淹和宰相吕夷简之间的政治斗争。当时尹洙毫不犹豫地站在了范仲淹一边，斗争失败后被贬为崇信军节度掌书记、监郢州酒税。尹洙为人豪放，喜谈兵事，早年所著《叙燕》《息戍》都是谈论兵事并详细分析西夏形势的，其中既有历史上的教训，同时也有现实的经验，和一般文人泛泛而谈空发议论完全不同，他的论兵观点多有可取之处。康定元年（1040）三月，由泾原路副都部署、兼泾原秦凤两路经略安抚副使葛怀敏（？—1042）推荐，尹洙从知长水县任上改命为权签书泾原、秦凤经略安抚司判官事，成为泾原秦凤两路经略安抚司的高级幕僚。四月底，陕西转运使张存拟前往泾原、秦凤经略安抚司沟通后勤保障等问题，知延州赵振命令狄青带领军士随行，保护上官安全，狄青护送张存到了之后，张存与经略判官尹洙聊到西夏军队战斗力、元昊的战术以及延州被困等事情，二人请当事人狄青过来做详细介绍。狄青从西夏军队战斗力、进攻策略，以及宋军装备情况、军人士气、强弱优劣等诸多方面滔滔不绝地作答，尤其是狄青说到了对抗西夏应以谋略得当而非以兵多取胜时，尹洙禁不住暗暗称赞，这和他在《叙燕》中所强调的"制敌在谋，不在众"简直是不谋而合，就这样，尹洙与狄青两个本属于平行线式的人在西北边境竟然奇迹般地出现交点，且一见如故，也正是这次会面，彻底改变了狄青一生的命运。

在狄青和尹洙相谈甚欢不久，尹洙就写信给好朋友范仲淹，告诉他延州有这样一个能力和胆识俱佳的军人，请范仲淹好好考察使用，并强调称狄青今后一定能成为一名合格的将军，大力推荐这位仅有一面之缘的延州非知名小军校。范仲淹出于好奇，在接到尹洙书信后就很快召见狄青，借着了解延州的具体情况加以考察。令人没有想到的是，范仲淹和狄青竟然也相谈甚欢，遂决定调狄青为鄜延路部署司指使，在自己麾下随时听候调遣。在交谈即将结束之际，范仲淹以一部《左氏春秋》赠与狄青，他说道：

"作为一名优秀的将军不通晓古今，不过是空有力气的一介莽夫罢了。回去在闲暇之余熟读此书，一定能有助于你成为真正的将军。"狄青少年时候本来读过几年村学，考取科举功名实在不足，但应付这部《左氏春秋》绝对绰绰有余，于是他在训练和作战之余开始细致阅读，前代著名战役、知名将领、兵书阵法等，逐渐了然于胸。

范仲淹兼知延州伊始，就对该地区的军事制度和奖惩措施做了全方位调整。第一，极大力度地调整边境的领兵及出兵政策。宋朝原本规定：边地部署领兵一万人，钤辖领兵五千人，都监领兵三千人，军事行动无论规模大小，官位低的人领兵为前锋。范仲淹感慨道："不考虑敌人多寡，以官位高下作为出兵先后顺序，是思维固化的官本位在作怪，是自取灭亡的手段，实在不足为训。"于是，范仲淹命令延州军士分六将统领，每个将领管理三千军士，由将领亲自训练，出兵时考虑到敌人多少的实际情况而派遣不同数目的军队应对。第二，修筑和完善堡寨。延州都监周美（？—1052）对范仲淹建议说："西贼元昊新得志，肯定会借助气势高涨时重新骚扰我军，金明、艾蒿等寨亟待修筑完善。"范仲淹认为建议可行，很快下令修筑沿边堡寨等防御工事，军心得以稳定。第三，改变以前主帅消极防御的措施，实施积极防御的对夏策略。范仲淹命令，西夏军队兵临城下的时候顽强抵抗是防御的一种形式，但只能称得上被动的消极防御；西夏军队没有主动进攻，宋军出兵小规模骚扰，打乱敌军的战略部署也属于防御的另一种形式，亦即积极防御。范仲淹新官上任的三把火很快收到实际效果，狄青也能够感觉到明显的变化，军队士气很快恢复，延州军心逐渐得到稳定。

康定元年（1040）九月八日，范仲淹命令狄青、黄世宁等对西夏境内的卢子平（在今内蒙古自治区鄂托克前旗）地区进行小规模反攻，取得了很好的效果。总体而言，范仲淹知延州之后知人善任、举措得当，军队低落的气势得以较好回升，延州的防御战进入了一个良性循环阶段。当年十一月中旬，因不畏强敌、指挥得当且训练有方，鄜延路部署司指使、右班殿直狄青被任命为右侍禁、阁门祗候、泾州都监。此处右侍禁为用于领取俸禄的武阶官名，与右班殿直一样属于三班小使臣，品阶为正九品；阁门祗候为阁职名，是低级武选官的加衔，一般不单独授予，任命武臣英勇无畏、战功赫赫者时带这样的阁职，和任命文学修养高的文臣时带龙图阁学士、天章阁待制等类同，更大的意义在于其荣誉性，同时，带有阁职的武选官可以加速升迁；泾州都监为泾州驻泊兵马都监的简称，为军职名称，掌管泾州禁军屯驻、训练、军事装备等事，和内地一般的兵马都监执掌本城厢军，负责一州防火防盗之类琐碎事务有极大差别。在自己的不懈努力，同时得到尹洙、范仲淹等文臣的赏识下，33 岁的狄青终于成长为执掌大宋朝廷一州军事事宜的猛将军。

二、宋夏边境上的"救火队长"

康定元年（1040）狄青开始任泾州都监，他的驻地泾州（今甘肃省平凉市泾川县）当时属于西北战区战况相对缓和的区域，狄青刚着手开始工作，就因边界地区屡遭骚扰袭击，旋即和王信（？—1048）、张建侯（？—1041 后）及黄世宁（？—1041 后）等数名战将又被调往与西夏接壤的保安军驻扎，负责日常军事训练，备御西夏军队。

与此同时，宋廷对西夏的战略有了较大变化，当时负责宋夏战事的总指挥陕西经略安抚招讨使夏竦（985—1051）和副使范仲淹主张立足防守、安抚招降、稳扎稳打，而同为经略安抚副使的韩琦则主张进攻，韩琦遂向朝廷献上攻守两种策略，朝廷经过讨论要求主动进攻西夏。双方战略方针尚未达成一致的前提下，庆历元年（1041）二月，韩琦派大军进攻西夏，并委派尹洙约范仲淹进兵，在这个过程中因军队冒进及未能协同作战等原因，导致宋军在距离延州仅40里处的好水川地区大败，军校士卒死伤过万人，损失惨重。这次惨败的直接后果是范仲淹、韩琦等贬官，更换差遣，延州知州改任庞籍（988—1063），半年之后，更是着手调整整个边境防御体系，分陕西路为秦凤、泾原、环庆和鄜延四路，委派韩琦知秦州兼管勾秦凤路部署司事，王沿（？—1042后）知渭州兼泾原路部署司事，范仲淹知庆州兼环庆路部署司事，庞籍知延州兼鄜延路部署司事，各自根据本路分的实际情况，做针对性的部署对抗西夏军队。

在高层人员和战略频繁调整如火如荼的时候，作为坚守在最前线的基层官兵仍要随时防备来自西夏军队的小规模骚扰、大规模进攻，一直疲于应付，并未感觉到有什么样的变化，狄青当时应该也大都如此。庞籍任知延州兼鄜延路部署司事，成为狄青新上司之后，基本延续范仲淹之前积极防御的政策，修筑和完善诸如金明、承平（在今陕西省榆林市子洲县）、塞门、安远等堡寨，在力量充足的时候对西夏小规模反攻。在庞籍的率领下，狄青在攻守两方面都取得了较大的成绩。庆历元年（1041），狄青曾进攻西夏边境重要的侵宋基地金汤城（在今陕西省延安市吴起县），这座被西夏称为固若金汤的基地被宋军第一次攻破，让元昊等大为震惊。狄青率领军队借着胜利之势进一步向西北地区进攻，先后攻破干谷、三堆、杏林原等西夏堡寨，甚至一度进攻到宥州城下。这次狄青大获全胜，宋夏边境亲近西夏的生户帕克、密翠、章密、诺尔、将罗等部族遭到重创，烧毁他们积聚的粮草数万担，归降部众达到6000人之多。庆历二年（1042）五月，庞籍沿途巡视时认为金明寨西北桥子谷是西夏军队入侵宋朝的必经之地，就派遣狄青在此地修筑招安寨以遏制西夏军队。随后，狄青又在该地区修筑了丰林、新寨、大郎等堡与招安寨遥相呼应，取得了抵御西夏军队良好的效果。大概在这个时候，狄青由右侍禁、阁门祗候、泾州都监晋升为西上阁门使、鄜延路都监。西上阁门使属于横行武阶官名，这类武阶官不是磨勘迁转能够得到的，而是需要皇帝特旨除授。鄜延都监是鄜延路驻泊兵马都监的简称，属于差遣，也就是说狄青从一州都监升迁到一路都监。

　　作为士兵的狄青武艺高强，勇于拼杀，作为将领的狄青除了优秀的身体素质外，还在心智上和指挥军队的技巧上历练自己。庆历元年（1041）七月，为了补充西北地区禁军数量，宋廷下诏在殿前司辖下组织一支新军号的步军——万胜军。万胜军置20个指挥，计有10000人，士兵从神勇、宣武和虎翼诸军中年龄在45岁以下者，以及其他州军身材达到宋尺五尺五寸（折合现在1.70米弱）以上有才能勇力的人当中遴选充任。这样一支新组建的军队在与西夏交战中屡屡败北，为了锻炼他们，狄青决定亲自带领他们与西夏军队作战。在出发之前，狄青先要求万胜军和黄世宁率领的虎翼军旗帜对调。虎翼军成立于宋太宗太平兴国年间（976—984），是一支老牌劲旅，这支军队善用强弓劲弩，在宋夏战争期间屡次立功。西夏军队对宋军十分了解，他们看到了宋军旗帜之后，就集合全军进攻黄世宁率领的打着万胜军旗帜的虎翼军，企图从宋军薄弱环节打开缺口，击溃这支屡战屡败的"提款机"式的队伍。双方在接战后西夏军队才发现，这股宋军实力强劲，想撤退之际狄青率领打着虎翼军旗帜的万胜军截断他们的后路，这股西夏军队被一举歼灭，宋军获得羊、马、骆驼等数以千计，万胜军的气势在战斗中得到了极大提升。

在范仲淹、庞籍等人的领导下，鄜延路的防御能力有了质的提升，加之良将种世衡（985—1045）、狄青、范全（？—1042后）等将领能征善战，导致西夏军队在对鄜延路的进攻中屡屡受挫。于是，他们的进攻重心由鄜延路转向了泾原路。庆历二年（1042）九月，元昊兴兵十万从天都山（在今宁夏回族自治区中卫市海原县）出发进攻宋朝镇戎军（今宁夏回族自治区固原市），计划从渭州（今甘肃省定西市陇西县）南下关中地区。泾原路最高统兵官部署司事王沿得到情报后，紧急派遣泾原路副都部署葛怀敏率军迎敌。葛怀敏，真定（今河北省正定市）人，北宋前期将领葛霸（933—1007）之子。葛怀敏以荫补入仕，在河北路经营多年，处置得当，深得朝廷信赖，宋夏战争不久，他就被任命为泾原路副都部署兼泾原、秦凤两路经略安抚副使，时间是康定元年（1040）三月。在此之后，葛怀敏历任知泾州兼管勾秦凤路军马事、鄜延路副都部署等差遣，称得上是相当熟悉西夏军队的成熟将领。但是，由于他这几年较少和西夏军队直接交锋，故仍然有轻敌之心，他在接到王沿命令之后举全军之力，急于与元昊主力部队决战，被西夏军队采取诱敌深入、围而聚歼的战术，把葛怀敏和宋军主力部队引向定川寨（在今宁夏回族自治区固原市）。这一战，葛怀敏、曹英（？—1042）、李知和（？—1042）、王保（？—1042）、张贵（？—1042）、李良臣（？—1042）等将领战死，宋朝损失军士9400多人、战马600匹。元昊在定川寨取胜后，按照既定方针向渭州进犯，在宋朝领土上屠掠居民，抢夺钱粮。环庆路、鄜延路等地的军队驰援，又被泾原都监、知原州景泰（？—1042后）阻击后拥兵返回，这就是历史上著名的"定川寨之战"。

在这样的情况下，朝廷为了重振泾原路军队士气，抗击西夏军队再次入侵，在庆历二年（1042）十月初九日，宋廷任命鄜延路都监、西上阁门使狄青为秦州刺史、泾原路部署，三日后又加兼本路经略安抚招讨副使。秦州刺史属于正任阶官名，主要用来授予边境立功的将领，相当难得，在北宋时期有"贵品"的称呼。

北宋前期的武阶有正任和遥郡之别，由高到低依次是节度使、节度观察留后、观察使、防御使、团练使、刺史，若遥领则需要兼领诸司使或横行使等。例如，张三被授予贵州刺史、定州路副都部署，这里的贵州刺史，就是正任阶官；假若此张三被授予西京作坊使、贵州刺史、定州路副都部署，这里的"西京作坊使、贵州刺史"就是遥郡官。无论正任官还是遥郡官，他们都没有职事，最大的区别在于正任官待遇比遥郡官丰厚。泾原路部署是泾原一路的职位最高的统兵长官，狄青在35岁时终于成为西北边境一路的总指挥。

其实，远在千里之外的京师开封，宋仁宗和朝臣们时时刻刻都在关心着西北边境的战局，在这几年和西夏作战期间，狄青这个名字屡屡和胜利、大捷等字眼一同出现，而且经常出现在范仲淹、庞籍等推荐人才的奏疏当中。关于狄青面戴铜面具冲锋陷阵的传奇经历，也不时传入宋仁宗耳中，久而久之勾起了宋仁宗的好奇心。庆历二年（1042）八月，宋仁宗本来已经下诏，以休养整顿的名义让狄青回京，想一睹这位神勇而神秘人物的风采。由于定川寨之战的突然爆发，狄青不得不留在前线，故宋仁宗命人先画一张狄青画像进御，先睹为快。宋仁宗手握狄青画像反复端详，口中喃喃自语道："狄卿，朕之关张；狄卿，朕之关张啊！"把狄青比作当世的关羽、张飞，大体能够反映朝廷对其的倚重程度。宋仁宗对狄青的极高赞美很快传开，所以在宋朝境内狄青很快又有了御赐"敌万"的称呼，意思是一夫当关而万夫莫开，有以一敌万的能力。

狄青到了泾原路部署任上很快展开工作，安抚军士，补充新兵，充实粮草等有条不紊地进行。在之后不久，朝廷对选择资深官员充任泾原路都部署作为狄青的长官，却相当犹豫不决。十月十四日，宋仁宗下诏，以河东转运使、吏部员外郎、天章阁待制文彦博（1006—1097）为龙图阁直学士、知渭州兼泾原路都部署、经略安抚缘边招讨使，文彦博还没有赴任，宋仁宗又想让范仲淹代文彦博赴任泾原路，并派宦官王怀德（？—1042后）快马加鞭去和范仲淹商量。范仲淹指出："泾原路地理位置相当重要，臣一人不足以当此重任，愿和韩琦一起驻扎在泾州经略泾原路，韩琦兼任秦凤路都部署，臣兼任环庆路都部署。这样一来，泾原路、环庆路和秦凤路就能够协同作战，边境地区一定会逐渐安定。此外，臣和韩琦在一起分工合作，选拔将帅整饬军队，不用多久元昊贼子当束手就擒。"接着，范仲淹又对西北地区官员任免做了自己的建议，宋仁宗全盘接受。经过这次商量，韩琦、范仲淹和庞籍同时被任命为陕西四路都部署、经略安抚兼缘边招讨使；文彦博转任秦凤路都部署、经略安抚招讨使，兼知秦州。而西上閤门使、果州团练使、知瀛州张亢（998—1061）为四方馆使、泾原路都部署、经略安抚招讨使，兼知渭州，成为狄青的新上司。

范仲淹作为陕西四路总指挥，又是狄青晋升过程中最重要的引荐人，上任之后很快向朝廷举荐人才，第一等推荐了狄青、王信、种世衡和范全四人，第一名就是狄青。他向宋仁宗上了一封现在题名为《奏边上得力材武将佐等第姓名事》的奏疏，其中强调说："臣根据近三四年在西北战场的观察，认为以下这一些将领才能武艺皆优，朝廷可以放心使用。第一等：泾原路部署狄青，他为人宽容大度；战场杀敌勇猛；心思缜密，做决定相当果断；临敌机智灵活，能随机应变。"范仲淹眼光独到地总结了狄青四项优秀品质，是非常准确的。我们前面反复强调了狄青战场杀敌的英勇事迹，这里说一下他临敌心思缜密和随机应变，为人宽容大度以后再讲。

沈括在《梦溪笔谈》中记载了一件事情：狄青在泾原路与西夏军队作战大胜，乘胜追击数里，逃跑撤退的西夏军忽然壅遏不前，宋军推测前方应该是深涧之类的天险，正要奋起直击一举歼灭。狄青看见西夏军队突然停止且掉转方向，立刻鸣钲收兵，西夏军队得以喘息退军。事后，宋军前去查验，发现前面的确是一个深涧。张玉（？—1075）、孙节（？—1053）

等将佐们都后悔没有把握机会,狄青语重心长地对他们说:"敌军逃亡途中突然掉头和我军对抗,怎么判断这不是他们的阴谋呢?我军已经打胜,全部歼灭这股残兵算不得什么大的功劳。但是,元昊诡计多端,万一中了他的计谋,让我军陷入危亡的境地,存亡不可预料,那就得不偿失了。你们是士兵们的主心骨,无论何时万万不要把他们置于危亡之地,切记切记!"沈括对于狄青这种不贪功的做法高度评价说:"狄青用兵以胜利为主要目标,心思缜密不贪功,所以在西北战场没有败绩。虽然狄青不贪功,但累计起来获得的功绩仍然无人能及,最终成为著名将领,遇到利益能不沉溺其中,这是他的过人之处。"同样是《梦溪笔谈》,还记载了另外一件事:狄青在泾原路时,有一次带领小部分部队巡查辖区,不料遇到了大股西夏军队,西夏军队也看见这一小队宋军中赫然打着狄青的帅旗,两军人员对比悬殊,战斗一触即发。狄青迅速做出判断,眼前形势不能蛮干做无谓牺牲,只能以智取胜,于是他命令军士丢弃弓弩等远战武器,全都拿好刀剑做肉搏准备,并且告诉部队务必听号令行事,第一次听到钲鸣就停止前进,第二次听到要装作逃跑实际上严阵以待准备战斗,第三次钲鸣停止就转头与敌军肉搏,否则将死无葬身之地。当西夏军队听到宋军象征收兵的钲鸣与看到士兵抛弃弓箭等兵器意欲逃亡时,他们欢呼雀跃道:"都说狄青勇猛如天神下凡,遇到我们也有丢盔弃甲逃窜的时候。"从而产生了轻敌之心。正在这时,宋军第三次钲鸣停止,狄青一马当先,在西夏军队队形尚未展开时快速冲击,打了他们一个措手不及,最终得以大获全胜。两则故事或许有夸张或虚构的成分,但既然进入了士大夫的视野并且不惜笔墨记录下来,仍能够从中印证范仲淹对狄青的准确判断，同时还能从另一方面反映出狄青的英勇事迹及计谋过人的形象在北宋社会上的流传广度。

定川寨之战后元昊逐渐认清了一个事实，自己与宋朝战争三四年间，虽然能够屡屡获胜，但仍然无法从中获取更大的利益。宋朝虽然经历数次大败且损兵折将，但实力仍然强大。定川寨一役西夏军队虽大获全胜，但宋朝西北边境还有二十多万大军驻扎。随着连年的战争，经济上的过重消耗，加之政权内部矛盾逐渐显露，西邻唃厮啰政权也频频偷袭，综合考虑之下，西夏再没有大规模入侵宋朝，而是开始谋求和平共处，并终于在庆历四年（1044）达成和议。和议规定：元昊以夏国主的名义向宋朝称臣，宋朝每年以岁赐的名义给西夏绢十三万匹、白银五万两、茶两万斤，宋朝重新开放双方边境上的榷场以便恢复贸易。从此之后，宋朝西北边境进入一个相对和平时期，一直持续到宋神宗（1048—1085，在位 1067—1085）统治时期为止。

战场上任何成就都不可能凭空获得，而是刀尖舔血拼搏而来，狄青自然也不例外。他在战场上身先士卒英勇杀敌，虽然武艺高强，但毕竟不会刀枪不入，更不可能是神仙，综合他在这四年对西夏作战期间，大大小小经历了 25 次战斗，先后被流矢射中 8 次，小伤更是数不胜数。然而，正是这种英勇杀敌的事迹让狄青声名远播，骁勇善战之名威震边塞，让西夏兵士发自心底地恐惧，加之他打仗时总是在脸上戴一副铜面具，西夏军称之为"狄天使"，意为人间难得一见的良将。这与西夏人嘲笑宋朝几位负责宋夏军事事宜的重要官员形成了鲜明对比，他们曾称："夏竦何其耸，韩琦未足奇。满川龙虎辈，犹自说兵机。"大意就是宋朝将领能力平平而自以为是，类似夏竦、韩琦这样的主帅根本不足为惧，更不要说其他人了。

三、张亢公使钱案中的"躺枪者"

庆历二年（1042）十一月中旬，西上阁门使、果州团练使、知瀛州张亢被任命为四方馆使、泾原路都部署、经略安抚招讨使，兼知渭州，成为了狄青的新上司。而庆历三年（1043）七月，他就被卷入了一桩离奇的"公使钱案"当中。这件事需要从宋朝中央发生的重大改革开始说起。在范仲淹、韩琦和庞籍等被重新任命为陕西四路都部署、经略安抚兼缘边招讨使，经略边事有所起色时，宋廷鉴于西夏再没有发起更大规模的进攻，而且逐渐有向宋朝求和的意向，于是在庆历三年（1043）四月初把范仲淹和韩琦同时调回中央任枢密副使。在此之前，朝廷已经起用欧阳修（1007—1072）、王素（1007—1073）、蔡襄（1012—1067）和余靖（1000—1064）等为谏官。宋仁宗此举是想着手振兴朝政，解决社会危机，这就是历史上著名的"庆历新政"。

范仲淹和韩琦的继任者为知永兴军、资政殿学士、给事中郑戬（992—1053）。庆历三年（1043）四月初，郑戬被任命为陕西四路马步军都部署兼经略安抚招讨使，驻扎在泾州。郑戬字天休，苏州吴县（今江苏省苏州市）人，是天圣二年（1024）科举时的榜眼，他在仕宦期间善于决断、不畏权贵，颇有风范。然而，在郑戬上任不久，就和狄青上司泾原路都部署、经略安抚招讨使、知渭州的张亢因意见不合发生了数次激烈冲突，郑戬就向朝廷举报张亢在知渭州期间"过用公使钱",类似现在某些领导利用职权滥用三公经费。郑戬这次的举报行为,是新官上任三把火的杀鸡儆猴,还是单纯的整顿纪律,抑或是张亢恃才傲物地不配合上官导致的引火烧身,我们现在无法进一步证明。不过,郑戬和范仲淹均娶前参知政事李昌龄(937—1008)之女为妻,属于连襟关系,私交密切且性格相近,而张亢和范仲淹关系也很好,他这次的任命也是范仲淹推荐。所以这次行为不必过分猜测而划入朋党之争的名下,但在御史台官员的参与下,情况变得复杂起来。

张亢字公寿,临濮(今山东省菏泽市)人,宋真宗天禧三年(1019)进士及第,然其人英武豪迈喜欢谈兵,在仕宦期间果断以文换武,在宋夏战争中曾经立下汗马功劳。庆历元年(1041)七月,西夏军队进攻宋朝河东路的麟州(今陕西省榆林市神木市)和府州(今陕西省榆林市府谷县)时,多亏张亢全力阻击,连胜数次才转危为安。他为人轻财好义,加之过着刀尖舔血的日子,大胜之后犒劳军士,败军之后宴饮抚慰战士,都是必不可少的。郑戬举报张亢滥用三公经费,他自己也没有否认。他说自己确实曾借用公使钱做生意,用获得的回报买了不少马匹充实马军,犒赏军队时也没有严格遵循规定,为了笼络和稳定军心,开销确实没有过分节制。但监察御史梁坚却不这样认为,他强调指出:"张亢调借公使钱交给商人做生意,得到的报酬全部放到自己的腰包了!"这样一来,问题的性质就发生了严重的变化。

为什么同样是过用或滥用"公使钱",性质会有不同呢?这其中和宋朝律法规定有密切关系。宋朝官员的犯罪类型，大类可分为公罪和私罪。《宋刑统》对公罪这样下定义："缘公事至罪，而无私曲者。"也就是官员在履行公务时，由于过失导致的触犯律令，并没有丝毫主动为自己谋取利益的因素在。私罪则是："不缘公事，私自犯者。虽缘公事，意涉阿曲，亦同私罪。"我们或许可以这么理解私罪的两种情况：一方面是官员由于私人事务触犯律令，犯罪的目的和动机在于为个人谋取一定利益；另一方面是官员触犯律令虽然是因为公事而引起，但其中存在假公济私的行为，也需要当作私罪来处理。具体到张亢过用公使钱的行为，若他的目的是为了犒劳兵士，进而鼓舞军队士气以便对西夏作战，没有一分钱进入自己的小金库，也就是说郑戬论奏属实且张亢认罪，朝廷在处理时要纳入到公罪的范畴当中。倘若张亢过用公使钱真的像梁坚说的那样，得到的报酬全都进入自己的小荷包，就属于利用公使钱获取私利，是中饱私囊的贪赃枉法行为，朝廷处理时候要纳入私罪范畴。虽然官员犯了公罪和私罪都要被处罚，但二者轻重不同，更重要的是，私罪对于一个官员来说是人生污点，在很大程度上影响其名望和声誉，而公罪不少时候甚至是官员荣耀的标志，以至于范仲淹曾经说过"公罪不可无，私罪不可有"这样的话。

在处理张亢公使钱一案时，朝廷大体采取的是息事宁人的态度，调离张亢为引进使、并代州副都部署，改命太常丞、直集贤院、知泾州尹洙为右司谏、知渭州兼管勾泾原路安抚都部署司事，使得提拔狄青的伯乐尹洙成为他的直系上司，同时专门让太常博士燕度（约997—约1066）前往陕西做进一步调查。燕度在调查过程中，一度有事态扩大化的趋势，欧阳修说此事闹得沸沸扬扬，达到"囚系满狱"的夸张状态，"西北边境上的军队将领，见到燕度这样捕风捉影地追查，人心惶惶"。在燕度追查期间，因为狄青作为副手经常跟随张亢一同处理公务，所以很快被问责追究，并且把过用公使钱的罪责引到他的身上，准备彻查之后一并处理。然对于如何处理狄青，朝廷内部的意见并不统一。

谏官欧阳修主张处理张亢而不问狄青，他说："臣最近听说边臣张亢因为滥用公使钱在西北地区被调查，而调查组波及面过大，甚至听说他们已经掌握狄青也曾参与其中的关键证据，正要求狄青配合调查。臣以为，近四五年间咱们大宋和西夏的战争中，得到能征善战的边将仅仅狄青、种世衡两位能上得了台面。狄青作为一介武人不熟悉律法，即便参与了张亢滥用公使钱的行为，也绝对不会是有意为之，最大的可能性是不了解情况，听信上司命令罢了。现在西北战局虽然相对稳定，但元昊贼子是否真心实意求和还未可知，正是危急时刻、用人之际，尽量不要伤了狄青这样优秀人才的心。若我们以滥用公使钱的名义拘囚狄青，这不是正合西夏的心意吗？臣希望陛下下旨命令调查组，只要问清楚来龙去脉，依法处理张亢一人即可，不要枝蔓牵连其他人，即便是狄青确实有过失之处，还请免于处理。臣和边臣之间没有任何私交，也不认识狄青，处理哪一位对臣而言没有任何联系，但是从国家安危大局出发，这件事情一定要慎重再慎重，一旦处理不当，则会后悔莫及。"这是现在能够见到的材料中，欧阳修和狄青之间的第一次交集，欧阳修从国家大局出发，主张利用狄青这样有能力的将领限制西夏元昊，并以此作为激励边境地区将领的手段。

新上任的渭州知州尹洙则从自己所见所闻出发，请求朝廷对狄青免于责罚。他说道："臣近年来一直在宋夏战场的第一线，对武将们的行为还是比较了解的。他们对公使钱的概念理解不透彻，常常大手大脚地拿着赏赐下属和士兵，甚至有些将领或许会当成自己的钱财。但臣敢保证，狄青在这一方面是相当谨慎的，他使用公使钱全都是用于公务，没有丝毫用于自己。之所以说他滥用也是有原因的，主要是战争吃紧，新添士兵需要训练，吃了败仗的军士需要提振士气，打了胜仗的官兵们要大加赏赐，等等，是开支过多的真正原因，并不是公款私用。"在向皇帝汇报了狄青在张亢滥用公使钱一案中的无辜和委屈之后，尹洙还说到这次调查对狄青的影响。他称："狄青向来做事小心低调，没想到这次遭遇数次盘问，他个人对朝廷的调查流程并不熟悉，总觉得是自己哪里做得不对，朝廷可能要对他进行惩罚，惶惶不可终日。臣虽然天天宽慰他说这仅仅是一般性的协助调查，并不是针对他，但作用终归有限，弄得整天带兵训练的时候也心不在焉。"

在讲述完事实之后，尹洙给出了自己的建议。他强调："陛下不拘一格，通过三四年时间把狄青从一个基层士兵提拔为主管一路军事的重要长官，一定是基于他为国尽忠奋力杀敌的行为，以及他才智过人、遇事果断的品格，狄青自己也常常相当感激地说起，觉得一定要竭尽全力为国效命，以报答陛下的知遇之恩。现在若因为这件本属于无中生有的小事对他惩罚，导致他惴惴不可终日，实在是得不偿失。况且边境探马日夜不停，万一西夏再次大兵压境，还需要他率兵抵御，若像这样整天心神不宁，恐怕会误了大事呀！请陛下下诏晓谕狄青免于责罚，让他能够安心边境西夏事务。

请陛下三思，请陛下三思！"

宋仁宗看到了欧阳修和尹洙的奏议，又命宦官再次拿出狄青画像，观摩良久说道："狄卿近年来在西北边境为国家尽忠，防御西夏元昊数十次入侵，大伤八次，小伤不计其数，保安军外一战被创甚重几乎昏迷，听闻西夏再次冲锋，草草处理伤口便重新应敌，方挫败元昊，保我一方安宁！朕从行伍中亲自提拔擢用，乃朕之关张，朕之心腹，朕担保狄青断不会有不合规使用公使钱问题。即刻传令，调查人员不需枝蔓牵连，尽快结案，赏狄青绢帛五十匹，以慰其心。"

宋仁宗的这一命令，终于使得躺着中枪的狄青从张亢公使钱一案中解脱出来。这对狄青而言更像是提醒，让他第一次见识到官场也是看不见刀光剑影的"战场"，这个"战场"不比西北边境对元昊作战轻松，甚至更为紧张，因为根本不清楚敌人在哪里，敌人会以什么面目出现，敌人会使用什么样的方式对待自己。这次危机虽然安全度过，但随后在政治斗争中产生了波及范围更大的事件，与过用公使钱一案被动躺枪不同，这次狄青在其中积极主动，承担了重要角色，这就是历史上著名的"水洛城事件"。

四、水洛城事件中朝臣的"议论焦点"

宋代的水洛城位于现在的甘肃省平凉市庄浪县，北宋时属于秦凤路的德顺军管辖，是沟通泾原路渭州和秦凤路秦州的连接点，此处地势平坦、土壤肥沃，还出产银、铜等矿物质，物产丰富。然而，当地居住的众多百姓西边与吐蕃相接，和宋朝并不亲密，史书上称呼这里一百八十里范围内全部都是"生户",意思是没有归化的居民,与和宋朝关系密切的"熟户"相对。宋真宗朝名将曹玮在秦州戍守时,曾有在水洛建筑城池的计划,但没有成功。庆历三年(1043)十月底,宋仁宗收到陕西四路马步军都部署兼经略安抚招讨使郑戬的报告,他在报告中称,德顺军生户王氏家族元宁等人献水洛城要求归附宋朝,若大宋在此地修筑城池,可以得到少数民族军士三五万人,对抵御元昊无疑是大大有利。宋仁宗看到之后同意了郑戬的筑城请求。

水洛城生户能够归附,郑戬在报告中提到的阁门祗候、静边寨主刘沪(？—1047)起到极大作用。刘沪字子浚,和狄青一样是一位在与西夏战争中成长起来的基层军官,他在当时颇能得到范仲淹和韩琦的赏识。庆历元年(1041)好水川大败之后,边境军将们气势低落,白天也经常紧闭城门,导致大量平民不能及时进城躲避西夏军队的袭击,当时只有刘沪敢于大开城门接纳民众,被人称赞为"刘开门"。范仲淹给宋仁宗上疏时曾称赞刘沪是"沿边有名的将领,最有战功",虽语涉夸张,但多少能反映出刘沪在当时还是有较高声望的。

就现有资料来看,收复水洛城地区是郑戬和刘沪互相成就的结果,且过程并非一帆风顺。庆历三年(1043)八月郑戬巡边至水洛城一带,刘沪随即号召铎厮那等部落首领来献出结公、水洛、罗甘等地,依附于大宋管理体系当中,这无疑是郑戬履历中很闪亮的一笔。于是,郑戬委派刘沪前往接受这些部族的归附,到了之后发现情况有变,部族中有一部分人并不同意归附,率领数万部众反对,他们计划夜里纵火为号,杀尽宋朝官兵。

当时刘沪领兵才千余人，方圆百里之内没有友军部队，在这样的危急时刻，他指挥千余军士进退有方，很快击退了部族的进攻，又反守为攻进而大获全胜。此后才有郑戬向朝廷上奏建议修筑水洛城的举措，朝廷遂听从郑戬建议，开始修筑水洛城。郑戬很快命令刘沪全权负责修筑水洛城事宜，所以前期工作展开一直较为顺利，然这样较为和谐的态势在年底前韩琦宣抚陕西时被打破。

庆历三年（1043）腊月初八当天，韩琦上疏称："当下朝廷讨伐元昊力有未逮，但防御做得相当不错，元昊现在已经不战自困了。臣这次宣抚陕西，发现镇戎军一带因差役过重，厢军、弓箭手和民户们已经疲惫不堪了。然臣看到最近水洛城一带又大兴土木，实在是弊大于利。水洛城虽然是秦州和渭州之间联通的关键点，但秦、渭之间将近200里全都是生户占据，若通这一路，至少需要修筑两个大的城寨，十几个小的堡寨，才能够首尾相顾，需要耗费相当多的人力、物力和财力。即便修筑好了，还需要派遣至少四千禁军驻扎，粮草消耗又是一笔沉重负担。耗费这么多物资的目的是打开一条通过其他地方仅仅缩短了30里的道路，简直是匪夷所思。而且，刘沪和李中和已经分别降服附近一带的生户归附，即使不修筑水洛城，只要让刘沪和李中和分别充任泾原路和秦凤路巡检，每个月在此处巡行，效果基本上是一样的。陛下若觉得臣的建议有不周全的地方，可以派亲信前去调查，并询问文彦博、尹洙及狄青等边地军政大员。"宋仁宗接到韩琦奏议，也觉得很有道理，认为之前听信郑戬修水洛城的建议过于草率，经过二府集议之后，于庆历四年（1044）正月初五下诏陕西都部署司、泾原路经略司，要求停止修水洛城。朝廷或是已经估计到郑戬会反对罢役，所以这个诏书同时传达给陕西都部署司和泾原路经略司，这里朝廷或是有让尹洙牵制郑戬的意味。

郑戬接到诏书之后，果然没有立即执行，甚至为了加快进度又派著作佐郎董士廉（？—1045后）带人相助。董士廉在当时被称为"关中豪侠"，郑戬幕僚当中招揽了一大批这样的人物，他们这些人在和平年代程序严密的科举考试中屡屡受挫，然具备一定的才识和胆略，所以混迹在边境地区行侠仗义，甚至尽可能鼓动朝廷开疆拓土以便建功立业，在没有类似机会的时候不惮投奔异域。例如，和董士廉私交甚好的郑戬幕僚姚嗣宗（？—1044后），就和投奔西夏被元昊重用的张元、吴昊气味相投，关系密切。所以董士廉到达水洛城之后，修筑城池的工程夜以继日。为此，宋廷采取了韩琦的建议，于二月二十一日撤销了郑戬陕西四路都部署、经略安抚招讨使一职，各路重新设置都部署、经略安抚招讨使，移郑戬为永兴军路都部署、知永兴军，将修筑水洛城一事置于泾原路经略安抚使尹洙的管辖范围内。

泾原路经略安抚使尹洙和副使狄青与韩琦意见一致，反复上疏称修筑水洛城有害无利，而郑戬虽然被罢职，但也一直向朝廷强调修筑水洛城的益处。有鉴于这种情况，三月十二日，朝廷派盐铁副使、户部员外郎鱼周询（？—1048）和宦官宫苑使周惟德（？—1045后），会同陕西都转运使程戡（997—1066）进行全面深入调查。

在调查团从开封出发但尚未到达的那段时间内，同时也是郑戬、尹洙双方不断向朝廷汇报讨论的过程中，已经被调离的前长官郑戬要求刘沪、董士廉等人加紧修筑，而作为现任长官的尹洙数次召刘沪、董士廉还城罢役。刘沪拒绝了尹洙的命令，在加紧修筑城池的情况下向尹洙报告称，当地归附蕃部强力挽留他和董士廉二人，甚至愿意使用自己的钱物赞助修城，若一再违背新归附蕃部的要求，恐怕会带来相当严重的后果，所以不得不夜以继日筑城不止。这明显是拿蕃部向背作为筹码的威胁手段，属于道德绑架的做派。尹洙看到刘沪的报告大怒，果断采取处置措施，命令瓦亭寨都监张忠取代刘沪现任职务，刘沪见到主帅命令仍然拒不执行，甚至在语言上出言不逊，大骂尹洙乳臭未干、狄青一介莽夫。在这样的情况下，尹洙命狄青带兵收捕刘沪和董士廉二人，准备以违抗主帅军令的罪名斩杀。我们在前述狄青触犯军法中的罚条时有过展开说明，这里尹洙如果按照罚条中"违主将一时之令"或者是"不服差遣"的规定，都可以对刘沪和董士廉处以斩刑，所以尹洙所下命令，且委派统兵官狄青前往收捕，在法理上并不是毫无依据。

不过事情远没有想象中的那么简单，在狄青收捕刘沪、董士廉过程中，二人被郑戬幕僚、华阴知县姚嗣宗设计解救。姚嗣宗在关中地区的侠义名头比董士廉大得多，在元昊刚称帝时，他曾写下这样的诗："踏碎贺兰石，扫清西海尘。布衣能效死，可惜作穷麟。"尹洙很欣赏姚嗣宗，他这样评价道："姚嗣宗侠肝义胆，能力超群。即便不通过科举考试，直接让他以平民身份进入翰林学士院代天子言，也不会比现在的翰林学士们逊色。假若综合他的行为，认为他应该得到低死罪一等的惩罚，黥面流放到三千里外的海岛，估计也不会有什么冤枉的。"姚嗣宗听了哈哈大笑，认为尹洙的评价是相当中肯的。

南宋时期的王铚（？—1144后）在《默记》当中记载了姚嗣宗解救刘沪性命的全过程。当狄青一行押解二人路过华阴县时，知县姚嗣宗和董士廉私交密切，为了朋友情谊，他毫不回避地出主意全力营救刘沪和董士廉二人。按照大宋制度规定，凡是囚犯经过的州县，州县官员需要派人护送到县界。这次狄青要求押送刘、董二人的军士严加看管，比照押送叛逆者的标准，故姚嗣宗派过去的人没办法和他们私下沟通。姚嗣宗情急之下想到了一个主意，他让护送的人在路上高声呼喊董士廉的行第以引起其注意，并反复两手向上举起。董士廉明白了姚嗣宗的意思，也大声回应道："放心，我会让他一路向上的。"到了渭州之后，尹洙和狄青等正等待发落刘、董二人，很多官员都在场，董士廉看时机已到，在槛车中大喊道："狄青，这回你一定能够加官晋爵，只不过是我碍着你晋升的道路，成为你晋升路上的绊脚石，所以你才要除掉我，你这次一定能成功。"狄青听了大惊，他一向回避这种流言蜚语，所以要求暂时不杀二人，先送至德顺军（今宁夏回族自治区固原市隆德县）监狱。

在刘沪和董士廉被狄青等枷送走之后，已经投靠宋朝的蕃部担惊受怕，开始抢夺粮草装备，杀害宋朝委派负责管理治安的官吏，导致水洛城地区出现局部骚乱。鱼周询等调查团到了水洛城后，看到了一片混乱的情形，自然容易得出修筑水洛城更为恰当的结论。在鱼周询等得出结论之前，朝廷内也分成了两派，一派是以韩琦为首的反对修筑水洛城者；另外一派是以范仲淹为首的主张修筑水洛城者，双方因水洛城事件的激化而在宋仁宗面前多次争论。

范仲淹等主张修筑水洛城者，对于是否能够打通秦州和渭州的通路，并没有十分的把握，所以他们的讨论重心就停留在两点上：第一点是招揽蕃部，第二点是安抚武将。换言之，奉命行事的泾原路经略安抚副使狄青对刘沪和董士廉的处置是否合适，成为了主张修筑水洛城者论辩的第二个"焦点"。参知政事范仲淹认为，刘沪和董士廉修筑水洛城是在落实四路都部署的命令，并非二人擅作主张，在四路都部署撤销之后应该尊重本路部署司管理，不应该抵制和抗拒命令。大概是想着此地蕃部归附顺利且修筑工程即将完成，不单对国家有利，还可纳入个人政绩当中，应该没有其他的意思。刘沪其人在边境多有战功，是国家必须爱惜的良将；董士廉是文臣京官，并非军事将领，两人定不能任由狄青对其戴枷问责。狄青之所以如此鲁莽，当是他乃普通士兵起家的粗人，不知朝廷事理。谏官孙甫（991—1057）、余靖和欧阳修等先后也有论奏，他们的出发点和对策虽各有侧重，但落脚点均从狄青是命令的执行者变成命令的决策并执行者出发。孙甫说道："泾原路副都部署狄青认为刘沪、董士廉等不听命令，于是枷送德顺军。"余靖称："狄青和刘沪、董士廉的分歧在于是否修筑水洛城，狄青因发怒而收押刘沪等人。"欧阳修也这样说："近来听说狄青和刘沪等因修筑水洛城事情发生争执，于是枷送刘沪等人到德顺军监狱。"狄青竟然成为士大夫们认为的矛盾起源，责任基本上被算到他身上，这或多或少地反映出文官集团对武将集团的偏见。

对于这些人的意见，韩琦在庆历四年（1044）五月份从客观环境、技术细节、实际效果等诸多方面给予了总结性回应，他提出了十三条理由反对修筑水洛城，其中很多内容是基于他长期驻防熟悉当地情况下的思考：第1、2、3、9条，韩琦强调水洛城的修建在经济上一定会成为宋朝的负担，在经营蕃部上收效甚微。因为水洛城周边只是一些小的蕃部，得到了该地区对于西夏元昊而言毫无损失，对宋朝实力增加有限，却需要驻屯军队，准备粮草，修筑更多城寨才能维持，得不偿失。第4、5、6、8、10条，他详细阐述了打通秦州到渭州道路的战略意图无法实现，这是水洛城修筑之初的重要说辞之一，但实在难以站得住脚。韩琦强调指出，新修通的黄石河路已经起到了打通秦州和渭州道路的效果，况且，援兵若真的要从水洛城一带通过，沿途会经过很多生界，又在陇山之外，更容易受到攻击。第7、11条，他指明了推动水洛城兴修的人着眼的私利。边地浮浪之人和商贾借助修城占地而获得商机，贪功官僚借助修城兴事求赏，考虑的都不是国家利益而是个体获益。第12条，韩琦对当事人的行为举止加以定性。刘沪和董士廉凭借郑戬为靠山，一而再再而三地轻视主帅命令，此风不可助长，否则以后官员效法会导致法度败坏，郑戬因为自己提出的建议遭到否决而意气用事，并不合适。总而言之，修筑水洛城既不是应对西夏作战的客观需要，又没有考虑到当下和将来的困难，是一种单纯贪功之人所发起的拓边活动。然而，朝廷只是把韩琦的奏议交给鱼周询等调查组综合考量，实在有失草率，这大概是范仲淹等人的调解论在当时朝廷中占据上风的原因。鱼周询等看到了混乱不堪的水洛城现状，很快向宋仁宗汇报支持郑戬修筑水洛城的主张。有鉴于此，朝廷命令尹洙释放刘沪和董士廉继续修筑水洛城，并派宦官内殿崇班陈惟信（？—1060后）催督修城事宜。几乎同时进行了人事调整，刘沪仍回水洛城，任水洛城主；狄青职务也没有变化；尹洙与孙沔（996—1066）差遣互换，环庆路都部署、知庆州孙沔调任知渭州，知渭州兼管勾泾原路安抚都部署司事尹洙调任知庆州。

庆历四年（1044）六月，孙沔因为身体原因并没有到渭州赴任，而尹洙也因此由知庆州旋即改为知晋州。渭州知州的空缺如何填补，宋仁宗原本想让狄青直接接任，但遭到谏官们的强烈反对。时任右正言的余靖接连四次上奏抗议，一方面述及泾原一路在整个陕西边防中的重要性，范仲淹在西北时候尚且不敢独自担任长官，所以必须选才望卓著之人守御；另一方面强调狄青不过是一个粗暴刚悍的武夫，性格"率暴鄙吝"，作风"骄满之至""恣意妄为"，根本不可能胜任如此重要的职位。余靖在奏议当中甚至直接否定狄青此前的战功，公然称狄青"名义上武艺高强，其实是从来没有碰到过西夏的精兵强将，根本没有立下什么大的功劳，更多的是运气比较好罢了。朝廷对狄青的奖励太过，很多将领和士大夫并不服气"，若朝廷一意孤行，再让狄青担任知渭州这样重要的角色，"必然导致重大失败，将来后悔莫及"。余靖在所上的四份章奏中，动辄称狄青为"匹夫"，轻蔑之情溢于言表，实在匪夷所思。笔者翻检了余靖自庆历三年（1043）初为谏官到论奏狄青时传世文献记载的所有奏议，像这样"泼妇骂街"式的论奏是第一次，没有材料能够显示出余靖与狄青此前有什么样的交集，似乎更不会存在任何利益冲突，所以他对狄青的谩骂和攻击当不是出于私人恩怨，而是单纯地为了维护"以文驭武"的统兵制度。

根据学者们的总结可知，北宋前期一般由武将承担统军征战或驻守地方的职责，文臣军事行动中只能扮演辅助性角色。宋真宗咸平二年（999），一些文官对高级武官以都部署之职统领大军的旧制提出异议，孙何（961—1004）建议由文臣取代武将统军，表明武将的军队指挥权受到执掌国政的文臣集团抵制。宋辽"澶渊之盟"以后，随着战事的平息，武将都部署的职权开始下降，文臣以地方长吏身份兼任都部署而管辖本地驻军的现象增加，但总体来看，高级将领仍在各地统军系统中居主导地位，尤其是在河北、河东和陕西缘边地区。到仁宗朝，特别是对西夏大规模作战后，北宋地方统兵体制发生根本性变化，确定了以文臣为经略安抚使、兼都部署，以武将为副职的基本原则，文臣控制了前线军队的绝对指挥权，武将则沦为文臣主帅的部将。新的地方统兵体制以确保文臣对军队的绝对控制权为核心，这也是狄青出任渭州知州的任命遭到文臣群体抵制的原因，事件背后反映出狄青个人官职晋升与国家体制之间爆发的冲突。

为了避免士大夫们的反复纠缠，宋仁宗不得已把淮南转运使王素任命为泾原路经略安抚使、知渭州，暂且任命狄青为并代都部署以转移视线。未及两个月后的八月十六日，重新任命秦州刺史、权并代部署狄青为惠州团练使、捧日天武四厢都指挥使、泾原路部署。这次不仅把狄青的正任武阶官由"秦州刺史"提升到"惠州团练使"，更为重要的是加了"捧日天武四厢都指挥使"，跻身于北宋禁军高级将领"管军八位"的行列当中。

王素字仲仪，大名府莘县（今山东省聊城市莘县）人，是宋真宗朝著名宰相王旦（957—1017）之子，他做了狄青上司之后，也充斥着文臣对武将的鄙夷。王素知渭州兼本路经略安抚使时，知原州蒋偕（？—1052）接到命令修筑堡寨，在修筑期间被明珠、灭藏等生户部族袭击，蒋偕畏战逃跑，到王素庭下请罪。王素赦免了蒋偕，要求他重新前去修筑堡寨以戴罪立功。狄青建议道："蒋偕轻率无谋，派他重新过去，若再遇到袭击仍会大败而归。"王素毫不客气地冷言回答："若蒋偕败死，就派遣狄将军前去修筑，无需多言。"史载狄青被呛得"不敢复言"，在和文官的政事往来过程中，狄青渐渐意识到这背后的厉害在某种意义上更甚于西夏军队。随着宋夏和议的签订，西北边防问题得到暂时解决，狄青于是开始了他任职地方的仕宦经历，一直到皇祐四年（1052）被朝廷任命为枢密副使为止，前后经历了八年时间。

第三章

◎

从战场到官场,官场也是战场

一、仕宦地方,备边防御辽夏

庆历四年(1044)宋夏和议签订之后,宋朝周边基本上处于和平状态。有这样的观点,对于中国古代的职业军人来说,他们是战争的宠儿,唯有走向战场才能突出其价值。这样的观点虽然有些极端,但仍然能部分反映出战争和军人自身价值实现之间千丝万缕的联系。和平时期军队大部分时间是在进行训练、调防、淘汰和补充兵员等常规操作,将领作为不直接管理行政的军事官员,较少参与裁决地方民事纠纷,较少负责桥梁道路修建,更不会涉及地方上的日常行政管理等,故平日里显示程度一般不高。狄青在庆历四年(1044)到皇祐四年(1052)这八年,基本上处于这样的状态。

这八年时间,狄青的军职和武阶都有提升。我们前面已经对宋代禁军的"管军八位"做过介绍,按照等级高低,分别是殿前副都指挥使、侍卫亲军马军副都指挥使、侍卫亲军步军副都指挥使、殿前都虞候、侍卫亲军马军都虞候、侍卫亲军步军都虞候、捧日天武四厢都指挥使和龙神卫四厢都指挥使。"管军八位"的正常迁转顺序是依次拾阶而上。庆历四年（1044），狄青被任命为捧日天武四厢都指挥使、真定路兵马副都部署后，军职先后升迁为侍卫亲军步军都虞候、殿前都虞候、侍卫亲军步军副都指挥使、侍卫亲军马军副都指挥使，八年之间"管军八位"职位中的5个均曾有过任职经历，可以看出宋仁宗对狄青是相当信任和重用的。武阶官则先后经历了惠州团练使、眉州防御使、保大安远二军节度观察留后和彰化军节度使，达到了武阶正任六阶中最高一级的节度使。南宋史学家王称（？—1195后）在《东都事略·狄青传》中记载狄青这一时期职官迁转经历时，认为狄青武阶官没有"眉州防御使"和"彰化军节度使"，而是"宥州防御使"和"彰德军节度使"，综合狄青墓志铭、神道碑、《宋史·狄青传》等其他记载，可以确认《东都事略》的说法是不准确的。

宋夏战争结束后不久，狄青就被提拔为"捧日天武四厢都指挥使"。神龙卫四厢都指挥使和捧日天武四厢都指挥使并列，初设于宋太宗朝端拱元年（988）。捧日天武四厢都指挥使属于殿前司，掌管捧日左右厢与天武左右厢禁军事宜；神龙卫四厢都指挥使属于侍卫亲军司，掌管神卫左右厢和龙卫左右厢禁军事宜，这些军队属于禁军中比较精锐的部分，负责保卫皇宫和京师安全，在宋代属于禁军中的"上四军"。两者当时属于领兵的军职，但由于他们的兵权过大，逐渐成为虚衔，用于禁军军职递迁中的一级。在康定元年（1040）十二月，宋朝政府调整禁军最高将领的人事安排之后，还专门下了一道诏书，其中强调："步军都虞候、捧日天武四厢都指挥使皆未补入，俟边将有功者除之。"意思是步军都虞候和捧日天武四厢都指挥使两个职位暂时不授予具体人员，等待提拔西北边境地区对西夏作战功勋卓著的军事将领。可见这次狄青被授予捧日天武四厢都指挥使，是宋仁宗兑现了提拔优秀将领的承诺。

关于狄青"捧日天武四厢都指挥使"虚衔的授予，不同史籍的表述还有所不同。王称《东都事略·狄青传》和王珪撰写的狄青神道碑中，直接称授予狄青"捧日天武四厢都指挥使"，而余靖在狄青墓志铭中则说这次是"以侍卫亲军职名宠公"，若仔细追究，余靖的表述并不准确，因为根据前面的梳理我们能够知道，天武四厢禁军是隶属于殿前司而不是侍卫亲军司的。

在当时，狄青的实际职掌是真定路兵马副都部署，从西北战场调至备御契丹的河北地区。宋真宗"澶渊之盟"之后，宋辽边境基本上处于一种和平的态势，这样的状态在庆历二年（1042）契丹索要关南十县时被打破，经过富弼等的交涉，最终以增岁币银十万两、绢十万匹了结了这次索地风波，这一事件在历史上被称为"庆历增币"。如此结果宋仁宗虽然表示接受，但内心是相当不满意的。"庆历增币"风波平定后，宋仁宗就强调要在河北地区加强战争准备，以修筑完善传递军情信息的烽火台为例：庆历二年（1042）五月，宋廷要求宋辽边境地区的乾宁军（今河北省沧州市青县）大规模修筑烽火台。六月，宋仁宗又下诏河北转运司，要求全面清理和维修河北路旧有烽火台。这些烽火台很多是五代宋初时候设置，"澶渊之盟"

后弃而不用的，现在全部提上日程修葺一新重新使用。宋朝一位著名官员刘敞（1019—1068）目睹这一情况，曾作诗《烽火》一首，现在收录在他的文集《公是集》当中：

齐秦谁谓远，烽火自相通。消息雌雄国，关防百二同。
流光下沧海，飞焰避惊鸿。不及承平日，空悲垂白翁。

为了解释这首诗的写作原因，刘敞还作了注释，其中说道："庆历二年，朝廷下诏修筑、整饬烽火台，自关中到河北，并且一直延伸到青州地区，于是从齐鲁大地、燕云地区到秦晋边关，烽火遍地。"狄青就是在这样的历史背景下被派到真定路的，这也能看出狄青已经成为当时宋仁宗所倚重和信赖的将领，哪里有困难，哪里就有他的身影。

由于宋辽之间小波折之后重新归于和平，这样的备战状态似乎仅仅持续了一段时间。狄青在真定路副都部署任内相关军事活动基本不见史籍，仅在《宋会要辑稿》中发现他上仁宗皇帝的两则奏疏。第一则上奏于庆历五年（1045）六月二十二日，在奏疏中狄青说道："之前在西北战场时，西夏军马入侵我大宋边境，不管大路还是小路，只要是军马能够通过的地方，就是一通乱冲，边境地区的牧民及农民根本没有躲避的机会，所以民众被掳走及杀害者众多。现在边境地区稍微安定，臣建议在我大宋沿边城寨与西夏接壤处附近开掘深五丈宽五尺的壕沟，并逐渐把开掘的壕沟连接在一起，三五年间定能在边界挖出一条数百里长的壕沟作为屏障，用以阻挡西夏军马的突然袭击，为我大宋子民及时撤离拖延一定时间。这是臣的一点建议，请朝廷酌情考虑。"第二则上奏于庆历五年（1045）七月七日，狄青再次向宋仁宗建议宋夏边境防御事宜："自从我大宋和西夏战争以来，靠近边境地区的州军城池都加固完毕，而距离边境稍微远一点的州军，并没有按照朝廷要求修葺城墙加固工事。西夏军队的骑兵长驱直入对泾州的那次突袭，我方毫无防备导致损失惨重，城墙没有完善以便阻止敌军是重要原因之一。现在西夏纳款，臣建议朝廷命令沿边及次沿边的州军及时修葺加固城墙，以防万一。"宋仁宗看了狄青的奏疏觉得很有道理，就下令陕西地区按照实际情况加以处理。

这两则奏议需要我们稍加笔墨予以说明，一般武将的日常应该是承平时期训练部队，战争时期冲锋陷阵，用时下的流行语叫作"活在当下"。狄青身在真定路，为什么一再地考虑西北地区防御问题，是因为对西夏作战地是自己发迹之地，念兹在兹无法割舍吗？个人以为并不是这样的，这两则奏议说明狄青一直在思考整个宋朝的边境防御问题。我们都知道，自从五代后晋石敬瑭割让幽云十六州给契丹之后，宋朝北部边境面临的尴尬局面是没有前代防御北方少数民族骑兵的长城屏障，为此北宋君臣费尽心机在北部边境构筑自己的防御体系，以诸如多种植树木、串联河川湖泊沼泽建成"水长城"等手段阻滞契丹骑兵，而西北边境主要是堡寨防御体系。狄青到了真定路熟悉情况之后，认为因地制宜地利用地理环境创建防御工事，应该会收到一定的效果，所以他借鉴了北部边境防御契丹的措施，建议改造和完善西北边境对西夏的防御。两则奏议当中，一则是在强调开掘壕沟，一则是在强调修筑城墙，再配合西北边境已有的堡寨防御，实际上是构筑了一个地下、地上和空中全覆盖的立体防御工事，这样的建议是没有实战经验的文臣和不善思考的武将都无法提出的优秀方案。这不禁让笔者联想到百余年之后的金朝（1115—1234），为了防御西部少数民族侵扰而修筑全长1500多公里的被称为"金长城"的防御工事，在当时的话语体系下称之为"壕堑与堡塞"，实质就是壕沟、堡寨和城墙的综合性防御工事，与狄青的方案如出一辙。前后对比，方能凸显狄青的水平之高，能力之强，不能不令人赞叹。

不过，在这一时期诸多传世文献记录的，更多是狄青与长官日常饮酒和冲突的情形，而这个长官不是别人，正是曾经提拔过狄青，且在水洛城事件中狄青力挺的陕西宣抚使韩琦。"庆历新政"失败之后韩琦辗转仕宦地方，在庆历八年（1048）四月被任命为知定州、河北路安抚使，成为狄青的上司，此时狄青在真定路任职已经有四年之久了。韩琦字稚圭，相州安阳（今河南省安阳市）人，他父亲是曾任右谏议大夫的韩国华（957—1011），属于出身于官宦人家的"官二代"，他和王尧臣一样都是天圣五年（1027）进士，当年王尧臣是状元，韩琦是榜眼，依稀想起当年狄青和几个刚入伍的士兵在围观王尧臣等一干神采飞扬的及第进士时，当中或许就有韩琦的身影。

有数种文献记载了韩琦和狄青两人在定州任内的逸事，有一则是韩琦亲身经历之后记录下来，被后人整理到《韩魏王别录》当中的，大概显示出狄青是一个很有气量的人。某次狄青邀请上司韩琦饮酒，只请了刘易（？—1048后）一个人作陪。刘易和前面说到的投奔西夏的张元、吴昊，以及郑戬幕僚中的姚嗣宗、董士廉一样属于常年游走在西北边境的豪侠，他是陕西地区的土著居民，性格豪爽，不拘小节，喜欢谈论军事。韩琦在陕西地区负责应付西夏战事时，把刘易收入自己幕僚当中。北宋邵伯温（1055—1134）在他的著作《邵氏闻见录》当中记载了刘易和韩琦、尹洙及狄青之间交往的事情："陕西豪士刘易，多游边，喜谈兵。宝元、康定间，韩魏公宣抚五路，荐于朝，赐处士号。易善作诗，魏公为书石，或不可其意，则发怒洗去，魏公欣然再书不惮。尹师鲁帅平凉，延易府第尊礼之。狄武襄代师鲁，遇之亦厚。每燕设，易嗜食苦马菜，不得即叫怒无礼。边城无之，狄公为求于内郡，后每燕集，终日唯以此菜啗之，易不能堪，方设常馔，时称狄公善制也。"韩琦鉴于刘易其人对防御西夏有见解，就极力向朝廷举荐，朝廷授予刘易处士号。刘易喜欢写诗，韩琦经常把他的新诗写到石头或摩崖上，若有刘易不满意的地方，他就像疯子一样发怒用水洗去韩琦的字，韩琦也不生气，重新书写到他满意为止。尹洙和狄青对待刘易也很宽容，他比较喜欢吃一种叫苦马菜的植物，每次宴饮时没有就发狂做出诸多无礼举动，而这种菜边境地区极少，所以狄青每次宴饮都从内地州县专门找些苦马菜招待刘易，一直吃到他不能忍受才摆上正常筵席。

狄青在这次宴请上司韩琦过程中，一边饮酒一边请了一些伶优助兴，这些伶优扮演成穷酸读书人，演出了一场他们在科举落榜之后到处碰壁，做出种种令人可乐举动的滑稽剧。然而没想到这却触动到刘易脆弱的小心脏。刘易看见了勃然大怒，当场大骂狄青黥面小卒，竟然敢嘲笑读书人，骂到激动处摔了酒杯准备拂袖而出。只见狄青一点也不生气,赶紧拉着刘易赔笑道歉,重新换了一个新酒杯,刘易还在生气激动之中,完全不顾韩琦在场,一点面子也不给狄青,甩手出了大厅。第二天,狄青专门到刘易家赔礼道歉,终于平息了这场小风波。

还有一则小故事收录在王铚的《默记》当中,是在韩琦宴请狄青时发生的。某一日韩琦宴请狄青,席间也让伶优助兴。这次韩琦请的是当地知名、人送绰号"白牡丹"的知名艺妓,她趁着酒酣之际向狄青劝酒说:"请斑儿喝下这一盏酒。"意在指狄青脸上有刺字。这一玩笑开得着实有点大,即便脾气再好,狄青也心中有所不快,当着韩琦的面他并未发作,不过过了几天,还是找个借口给了白牡丹一顿板子。这件事情很快传到了韩琦的耳朵中,也记在韩琦的心里,觉得狄青责罚白牡丹是向自己示威。没过多久,狄青的老部下焦用押送一些兵卒路过定州,得知此事的狄青设宴给焦用接风洗尘,叙叙旧。在这期间出现了问题,押送的兵卒们因为俸禄发放不均,管理存在一定漏洞,甚至有克扣军饷的严重渎职行为,就把这些不法行为汇总之后向韩琦汇报,韩琦以迅雷不及掩耳之势当着狄青的面捉拿了焦用,准备按照军法处死。这让狄青着实震惊,狄青为了救焦用多次和幕僚去韩琦府上求情,但韩琦总是以公务繁忙为借口躲着不见。狄青没有办法,只好在韩琦门外台阶下蹲守,恳请能见一面。韩琦出门立于台阶之上,狄青见到之后叉手作揖说道:"韩公,焦用跟着狄青出生入死,军功卓著,您在陕西时亲眼所见,是好儿!"韩琦冷冰冰地说道:"狄将军,在京城开封东华门外,张榜公布的新科状元郎被称为好儿,焦用是什么东西,配用好儿这个词吗？"接着当着狄青的面公布了焦用的犯罪事实，并处以斩刑。狄青眼见老部下将被处死而自己无能为力，一时间愤怒、屈辱、无奈、沮丧等情绪充斥脑中，呆呆站在原地很长时间，一直到幕僚提醒道："将军站在这里很久了，我们还是回府吧。"他才反应过来，怏怏而去。

在那个重文抑武的年代，狄青做事低调谨慎，一直回避和文官们之间发生冲突，但这件事一直深深扎根在狄青的心中。后来，狄青以军功做到了位极人臣的枢密使一职，也凭借自己的能力做出了文官们难以企及的功业，他经常对人说这样一句话："韩琦枢密功劳、官职和我相同，而我唯一缺少的是进士及第呀。"

大概在皇祐三年（1051）的某个时间，狄青被任命为彰化军节度使、鄜延路经略使、知延州，重新回到宋夏边境任职，具体时间已经不能考证。根据一些材料能够知道，皇祐四年（1052）三月时他曾以鄜延路经略使的身份向宋仁宗进言，所以知延州的任命一定在皇祐四年三月之前。狄青认为："宋夏边境地区的保安军，弓箭手中押官以上全部都会分配身分田，现在可以扩大受惠群体，根据所统计的家庭人员数量，弓箭手自十将到指挥使全部按照一定的等级给予闲置的田地，这样才能更好地笼络人心。"宋仁宗很快回应并执行了狄青的建议。六月十四日，宋仁宗下诏，提拔彰化军节度使、知延州狄青为枢密副使，成为宋朝中央"国防部副部长"。一个出身低下的禁军士兵做到了执政大臣，在宋朝历史上绝无仅有，这让职业军人引以为傲的事情，也成为了文官集团攻击他的口实，在远离战争、由文臣主政的京师开封，狄青的日子注定不会逍遥快活。

二、任职中央，成为枢密副使

北宋时期，枢密院属于控制和调动军队的最高军事机关，与宰相办事机构"中书门下"并称为"二府"，位高权重。枢密院长官通常有枢密使和知枢密院事，副长官有枢密副使、同知枢密院事、签书枢密院事和同签书枢密院事，地位相当尊崇。有关北宋枢密院长官和副长官的选任，不同时期有所不同。根据宋史专家陈峰教授的研究可知，北宋168年间枢密院长官除了宦官童贯之外，共有71人，其中文臣53人，武职出身18人，在宋太祖、宋太宗和宋真宗三朝，武职出身者有12人，宋仁宗统治的42年间，武职出身者有6位当上了枢密使，宋仁宗之后再无武职出身者充任枢密使。北宋枢密院副长官共有129位，其中文职出身108人，武职出身21人。北宋前三朝，武职出身的枢密副使14人，宋仁宗朝5人，宋英宗朝和宋钦宗朝各有1人，宋神宗、哲宗和徽宗朝没有一个武职人员充任枢密副使。通过数据统计大体可以看出，宋仁宗朝实际上是枢密院长官和副长官由文武混用到专用文臣的转折期，武将出身在枢密院已经完全处于被压倒的局面，这在狄青被任命为枢密副使的开始就有较为清晰的显示。

狄青为枢密副使的命令刚下，御史台长官御史中丞王举正、左司谏贾黯（1022—1065）、侍御史韩贽等言事官们先后纷纷跳出来加以阻止。宋仁宗朝上一次御史台台官和谏院谏官联合起来论奏大臣，还是庆历三年（1043）宋仁宗任命夏竦为枢密使，遭到了御史中丞王拱辰联合谏官蔡襄、王素和欧阳修等言事官的抵制，导致夏竦已经到达开封而最终外放，由杜衍代其做了枢密使。御史中丞王举正说："青出兵伍为执政，本朝所无，恐四方轻朝廷。"王举正这句话有两层含义：其一是祖宗法度最善，不可超越。狄青出身低下当上执政大臣，这样的事情在我大宋祖宗朝都没有，现在竟然敢越过红线破格提拔？其二是唯出身论。即便狄青是通过自己努力凭本事当上枢密副使，但由于出身卑微，仍然会让周边民族政权鄙视嘲笑我大宋无人可用。王举正字伯仲，河北真定（今河北省石家庄市正定县）人，出身官宦世家，他的父亲是宋真宗朝曾经当过副宰相的王化基。在王举正的头脑中，狄青任枢密副使和之前的武职任枢密副使的性质完全不同，宋仁宗即位之后的四位武职枢密副使，分别是杨崇勋、王德用、夏守赟、王贻永。为了详细说明他们之间的区别，我们简单罗列一下这四位枢密副使的家世和生平。

杨崇勋（956—1035）字宝臣，蓟州（今北京市）人。他的爷爷杨守斌武将出身，在宋太祖朝曾经任龙捷指挥使，父亲杨全美也是武将，在宋太宗朝曾经官至殿前指挥使。杨崇勋属于官宦世家出身的将门子弟，他以荫补进入仕途，在宋真宗朝最重要的事迹是揭发寇准（961—1023）和周怀政（？—1020）密谋奉真宗为太上皇，拥立太子即位，所以仕途一路顺利。夏守赟（977—1042）字子美，并州榆次（今山西省晋中市榆次区）人，父亲夏遇为武将，在对抗契丹作战期间战死，朝廷为了体恤烈士遗孤，就让他和哥哥夏守恩（975—1037后）服侍当时的襄王赵恒，也就是后来的宋真宗。王德用（979—1057）字元辅，赵州（今河北省石家庄市赵县）人，是宋太宗、真宗朝将领王超（951—1012）之子，家族中数代为官。王德用荫补进入仕途，早年跟随父亲对抗西夏李继迁，敢于担任先锋，应战沉着，能力突出。他一生谋略过人，治军有方，军事素质过硬。王贻永（986—1056）字季长，并州祁（今山西省晋中市祁县）人，他的爷爷是后周宋初宰相王溥（922—982）。王贻永娶宋太宗女郑国公主为妻，以驸马身份获得武职，进而取得了枢密副使和枢密使的职务。和上述这些家世显赫取得枢密使、枢密副使职务的人相比，狄青基层普通士兵出身，虽然有些能力，但家世贫寒毫无根基，简直是天壤之别，也难怪王举正会有那种奇怪的逻辑。

在宋仁宗坚持任用狄青的情况下，台谏官们综合炮制出来"五不可"，借助左司谏贾黯和御史韩贽之口进谏，他们的奏议现在保存在南宋赵汝愚编纂、现题名为《宋朝诸臣奏议》当中，我们且欣赏一下："臣伏见国初武臣宿将，扶建大业平定列国，有忠勋者不可胜数，然未有起兵间登帷幄者。今其不可有五：四夷闻之有轻中国心，不可一也。小人无知，风闻倾动翕然向之，撼摇人心，不可二也。朝廷大臣，将耻与为伍，不可三也。不守祖宗之成规，而自比五季衰乱之政，不可四也。狄青虽材勇，未闻有破敌功，失驾御之术，乖劝赏之法，不可五也。"用现代汉语翻译过来，作为阻止任命狄青为枢密副使的五点理由是：

第一，周边少数民族政权听说了我大宋竟然让一个出身低贱的人充任枢密副使，一定会耻笑和轻视我大宋无人可用。

第二，出身低下的投机分子看到了这样的机会之后会纷纷效法，带来一系列难以遏制的连锁反应，从而导致投机奔竞、世风日下。

第三，朝中文武大臣竟然要与黥卒出身的官员共事，甚至是作为他的下属出现，实在是一件相当羞耻的事情。

第四，破坏了太祖太宗留下来的祖宗家法，任用武夫悍卒为高官，是把我们政治清明的大宋盛世和衰落不堪的五代混同，完全是自甘堕落。

第五，狄青个人虽然有一定的能力，但并没有听说他有什么大的战功，这样没有规矩的人事任命会导致朝廷丧失控制臣下的能力。

然宋仁宗不为所动，坚持自己的意见。在历史上，宋仁宗一直以来是以宽厚和善、善于纳谏的形象存在的。例如，王拱辰为御史中丞期间，所奏之事不合宋仁宗心意，他想甩手离开，王拱辰竟然抓住他的衣服不让走，最终考虑后还是同意了王拱辰的意见。包拯担任监察御史和谏官期间，屡屡犯颜直谏，唾沫星子都飞溅到宋仁宗脸上，但他一面用衣袖擦脸，一面还接受他的建议。就这样一位虚怀纳谏的帝王，为什么这次在狄青任命上如此坚决？考察当时宋朝遇到的情况之后就一目了然了。因为大宋的南部边境发生了重大变乱，一方面是交阯军队不断在边境地区骚扰和侵略宋朝疆土，掠夺土地和民众，羁縻府州中一些酋长勒索不成，就开始攻打宋朝的州县，弄得人心惶惶。另一方面是近期广源州侬智高（1025—1055）建立了自己的政权，竟然还大举入侵宋朝的沿边州县，气焰实在嚣张。多股势力盘根错节搞得两广地区一刻不得安宁，在这种情形下宋仁宗召狄青入京，一起商议对策，又是一次充任救火队长的行动。在这种危急时刻最先想到狄青，也能看出在宋仁宗心里，狄青已经是他最信任的将领了。

在狄青从延州回开封赴任时，还发生了一件事被江休复（1005—1060）

记载了下来，同样反映出文臣群体对狄青的蔑视。当时开封方言中有一些鄙俗语言，称呼军人为"赤老"，大家都这么说，但原本的意思已经弄不清楚了，或许类似现在上海话中的"赤佬"或"小赤佬"。记述者江邻几自己揣测，大概是因为宋代书写军令、军功等的簿籍被称为"尺籍"，流传过程中因为两者读音相近，所以讹"尺"为"赤"。狄青从延州回来赴任枢密副使，枢密院的官员们安排迎接，但他们并没有狄青回京的准确时间，这些人为了讨好新上司，每天都做着准备，连续多日都没有看到狄青。某一天，他们看到有一路人甲衣装打扮不像京城本地人，于是凑上前去问道："敢问您是从哪里来的呀？"路人甲说从西北而来。他们接着问："路上是否看见过狄枢密的大旗，狄枢密今天能到开封吗？"对方说见过，但今天肯定来不了。这帮人知道今天又白等了一天，懊恼之下破口骂道："天天迎接这个赤老，每天都接不到，架子真是太大了！"但他们不知道，这个所谓的路人甲正是他们口中狄枢密的儿子狄咏。这件事情传开之后，以至于京城的士人都背地里称呼狄青为"赤枢"。

狄青到了开封职务交割完毕，宋仁宗就紧急召见他来商议南部边境侬智高入侵事宜，在讨论完之后，宋仁宗看到狄青脸上的刺字，就说："狄卿为国分忧，现在已经位极人臣，这脸上的刺字，朕做主赐药为卿除去吧！"狄青摸了摸脸上那行刺字笑着说道："谢陛下隆恩，微臣本来就是一介草民，蒙陛下不弃提拔于行伍之中，若没有这行刺字就没有臣的今天。陛下选拔人才按照功劳而不问门第阀阅，这让我们大宋将士们知道脸上刺字并不是多么难堪和屈辱的事情，反而是一种绝好的激励，让他们知道即便是枢密副使这样的高官也是可以通过自己的奋斗获取的。所以臣恳请陛下收回成命。"宋仁宗听完狄青的话，也觉得十分有道理，从此不再提除掉刺字一事。

虽然狄青不除去刺字的话语无懈可击，但在日常生活中，仍有同僚就他脸上的刺字开玩笑。狄青任枢密副使时，当时枢密院长官为王贻永和高若讷（997—1055），副长官还有王尧臣，所以狄青是枢密院长官和副长官中资历最浅的那一个。这位枢密副使王尧臣，就是狄青天圣五年（1027）刚入伍时，围观的那位状元郎。王尧臣经常拿狄青那行刺字打趣，狄青并不在意。某天，王尧臣再次开玩笑说："狄公自从任职枢密院之后，整个人红光满面精神饱满，您脸上那行刺字也和您整个人一样，越发的光鲜明亮呀！"同僚听完哈哈大笑。狄青也微笑着说："蒙王公照拂，狄青感激在心。若您喜欢的话，狄青可以免费送您一行刺字，不知您意下如何？"一句话呛得他灰头土脸非常狼狈。自此之后，王尧臣再也不敢这样没完没了拿狄青脸上刺字开玩笑。

随着宋朝南部边疆情况急转直下，侬智高大军猛烈进攻两广地区，所到之处攻无不克，宋廷不得已再次派狄青充任"救火队员"赶赴两广地区。皇祐四年（1052）九月二十八日，宋廷以枢密副使狄青为"宣徽南院使、荆湖北路宣抚使、提举广南东、西路经制贼盗事"，全权负责讨伐侬智高事宜。从履新到离京奔赴战场，距狄青第一次任枢密副使的时间没有超过100天，算是触摸到最高权力的初尝试。

两广地区的战争是如何爆发的，侬智高是谁，宋朝有什么应对，狄青又是如何处理的，这一系列问题需要我们细细道来。

第四章

◎

从归附到对抗：侬智高行动转变的心路历程

在开始本章的写作之前，甚至本书写作之前，笔者一直都是相当犹豫的。因为狄青一生最主要的功绩，就是在对西夏战争中军功卓著因而一步步被提拔，而到了平定南部边疆侬智高所谓的叛乱后即达到仕宦生涯的顶点，这样就注定了写作过程中会有诸多矛盾和冲突。比如按照20世纪很多研究者的观点，以党项民族为主体的西夏和以侬智高为祖先的壮族，都是中华民族的有机组成部分，他们和宋朝之间的冲突是民族融合的必然结果。部分学者强调指出，突出西夏"侵略"宋朝，以及侬智高事件为"叛乱"和"反宋""侵宋"，这样的话语是"封建史学家"基于狭隘历史观得出的结论，带有明显的"大汉族主义"立场。尤其是对侬智高和宋朝之间的战争是"反宋"还是"抗宋"，侬智高是"地方英雄"还是"一方盗贼"，任何一个都极难下笔，任何一个问题的定性也都不是这本小书所能承载的。有鉴于此，笔者不拟对相关问题作任何定性，而是以时间为线索，尽量返回历史现场，去尝试体悟和理解本书主人公狄青在整个事件中的所作所为和情感上的离合悲欢。

需要指出的是，因为涉及很多边境地区少数民族的地名，其辖境范围不同学者的观点差别甚大，所以在处理时暂不备注现今的所在地。少数民族人物的生卒年很多也都难以考察，除了像侬智高这样极为特殊的，同样也再不标注，请读者原谅。

一、侬智高发迹的背景和过程

宋朝从建立到灭亡，从来都不是一个统一的王朝，它实际管辖范围比起所谓的汉唐盛世，实在少之又少。宋朝从北部到西北，从四川地区到荆湖南北路，从广南西路到广南东路，辖境内外分布着众多部族政权，北边强敌有以契丹为主体的辽，军事实力超过宋朝；西部边境除了以党项为主体的西夏外，还有吐蕃、回纥、藏才、白马、鼻家、保家等；四川地区有诸如邛部川蛮、白蛮、乌蒙蛮、净浪蛮、阿宗蛮、三王蛮等；荆湖南北路则有五溪蛮，两广地区有乌水浒蛮，还有瑶、蜑、黎等部族，这些部族内部又有很多分支，相当复杂。根据学者的研究可知，宋朝对于这些少数民族部落或政权的统治大体有三种类型：第一是以族长形式，任命本族首领为长官，隶属于地方州县直接管辖。这一类管理方式多用于统治西北边境地区的部族，西南边境地区一小部分部族以及海南岛熟黎也以这种形式管理。第二是羁縻州县形式，以各个部族地区为中心建立州县，以酋长为首领统治部族，具有很强的独立性。宋朝在四川、荆湖南北路和两广地区设置了三百多个羁縻州县来管理当地的部族。第三是象征性统治形式，这些部族与宋朝没有明确的隶属关系，介于生户和熟户之间，比羁縻州县更为疏远。西南边境地区的大多数部族属于这种管理方式。

这样的民族政策是和当时大的政治环境密不可分的。宋代著名理学先驱邵雍（1011—1077）曾经指出宋朝百余年间没有腹心之患的原因："朝廷内部没有飞扬跋扈的大臣，国境之内没有拥兵自重的藩镇，也没有像陈胜、吴广及黄巢那样的大盗贼，所以宋朝百年基业是由极好的内外环境共同造就的。唯一需要担忧的是周边有部分的当地民族骚扰。"类似的话语在很多宋代士人言语中都有所流露，而他们所指的当地民族骚扰，更多的是契丹和西夏所谓的"二鄙之患"，这种认识也直接影响到宋代帝王，他们对于周边少数民族政权对宋朝的威胁，也基本上持这种观点。例如，宋神宗就曾经说过："朝廷外事上最重要的事情，就是既要防御北边强敌契丹，又要提防西边狡猾的西夏，这两个势力搞得朕常常焦头烂额。"契丹立国于公元916年，早宋朝50多年，五代时期石敬瑭为了得到契丹的援助曾割让幽云十六州给契丹，中原王朝防御北方游牧民族的重要屏障——长城一线全部归属于契丹。西夏经过李继迁、李德明和元昊三代经营，在战场上屡屡挫败宋军，实力也不容小觑。相比契丹和西夏而言，西南边境地区虽然部族众多，但他们居住分散，内部互相没有隶属关系，少数民族部落之间也经常有各种冲突，同时经济发展水平也很落后，加上崇山峻岭等复杂的地理环境，使得他们不方便组织强大的武装力量抗衡中央政府，所以就导致了北宋前期民族政策上的"重北轻南"方针。也就是说宋朝统治者重视对北部、西北部边境地区的经营，以便防御契丹和西夏的进攻，轻视甚至忽视西南边境地区的防守和经营。

在朝廷"重北轻南"的方针指导下，宋朝对西南地区的经略有三个明显缺陷。一是宋朝在南方地区的驻军数量少，整个防卫体系薄弱。根据学者的统计，北宋禁军在地方驻防时的重心在北部和西北部边境，以宋仁宗朝的禁军屯驻为例，当时首都开封及周边驻屯禁军684指挥，每指挥按照满额500人算的话，应该是34万多人；备御契丹的河北路和河东路驻屯禁军414指挥21万人，其中太原府是驻军最多的一个，共有36指挥18000人；防御西夏的陕西路驻扎禁军329指挥16万多人，其中秦州驻军最多，共有34指挥17000人。与北方诸路重兵防御相比，南方诸路驻扎禁军少得可怜，例如广南东路和广南西路两个路，只有广州（今广东省广州市）、桂州（今广西壮族自治区桂林市）、邕州（今广西壮族自治区南宁市）和容州（今广西壮族自治区玉林市容县）有禁军8个指挥驻守，合在一起只有4000人；西川四路一共只有9个指挥的禁军4500人，分别驻扎在成都府、嘉州、雅州、梓州、遂州、戎州和泸州等7个州；福建路当时驻扎禁军10个指挥5000人，分布在福州、建州、泉州、南剑州、漳州、汀州、邵武军和兴化军。若考察南北方之间的差别，以广南东西路、西川四路、荆湖南北路、福建路、两浙路、江南东西路、淮南东西路等为南方的话，一共驻扎禁军195指挥，满额总计不足10万人；而陕西路、河东路、河北路、京东路、京西路加上首都开封府，共计驻扎禁军1732指挥，满额大概有86万之多。这里仅仅是从单纯的数量对比，还没有考虑疆域范围大小、禁军中最为精锐的班直、上四军和中下军等军事实力不同,以及不同军种的装备优劣等的差别。二是南方驻扎禁军军队的装备严重不足。由于宋太宗、真宗朝川蜀地区发生了数次农民和士兵反抗宋朝的斗争,所以宋真宗开始认识到南北方边防政策的失调,咸平六年(1003)他对臣僚说道:"比来备边,专意西北,至于远方殊俗,要不可忽,如川、广、荆湖,常须训齐军伍,以为边备。"虽然宋真宗有这样的认识,但是具体到政策的出台及落实方面,实际上收效甚微,他这种经营西南边疆地区的思想,仅仅停留在口头上。七年之后的大中祥符三年(1010),宋真宗曾经明确说道:"朕记得我大宋建国以来,广南、西川这些偏远地区,驻扎的禁军从来没有新添加过兵器,也没有监督考核他们的军事训练情况。"这是宋朝建国半个世纪之后皇帝的回忆,50年没有新增添武器装备,可见朝廷对广南、四川地区驻防军队的漠视程度。三是宋朝在西南地区的官吏绥怀招缉无术,行事草率鲁莽。朝廷委派到西南地区的官吏,很多不了解当地少数民族的习惯,奏议中常充斥"蛮夷不知礼仪"等轻蔑和不尊重少数民族群体的语言。对于和少数民族的纠纷,有些官员竟然提出"不如把他们全部杀死,这样就能够一劳永逸,免得后患无穷"这样蛮横残忍的建议。宋朝中央和地方官员对西南地区的总体策略如此,那么具体到对待侬智高,自然也不会例外。

侬智高事件的发生,和广源州的归属及控制权问题密不可分。根据清人顾祖禹在《读史方舆纪要》中的说法,唐代广源州的名称为平原州,一度归属南汉管辖,或可以略备一说。宋太祖赵匡胤灭南汉后,开宝九年(976)广源州酋长坦绰侬民富通过邕州向宋廷表达了愿意归附的诚意,宋朝设置为邕管的羁縻州。值得注意的是，"坦绰侬民富"当中的"坦绰"，学者研究强调这是大理国的官称，由此可见广源州在归附宋朝之前，接受南汉封号的同时也接受了大理国的封号，这种情形对于边境地区的少数民族政权而言并不罕见。广源州侬氏从唐朝以来一直盘踞于这一地区，首领全部从他们一族中产生，因为广源州与交阯接壤，故宋朝与交阯的关系在很大程度上影响着该地区的稳定。宋朝和交阯之间在宋太宗时期曾有过短暂的战争，战后双方很快恢复朝贡关系，但随着交阯吞并了安南实力大增，双方在边境地区时有摩擦，北宋真宗朝已经基本失去了对广源州的实际控制。所以《宋史》上记载："广源虽号邕管羁縻州，其实服役于交阯。"说的就是这个意思。宋仁宗天圣七年（1029）广源州酋长侬全福（沈括《梦溪笔谈》记作侬存福）率领部众归附而被广南西路转运使章频拒绝，侬全福率领部众走上了独立的道路。

当时，侬全福是傥犹州的首领，他的弟弟侬存禄是万涯州的首领，他的妻弟侬当道是武勒州的首领，他们之间互为奥援同时也有一定矛盾。在侬全福的一次精心策划下，擒杀了弟弟侬存禄和妻弟侬当道，吞并了他们的辖区万涯州和武勒州，在宋朝和交阯之间形成一个独立王国，称为"长其国"，他自称"昭圣皇帝"。交阯国王李德政得知侬全福称帝的消息之后十分愤怒，于景祐三年（1036）发兵攻打侬全福，俘虏了他和他的儿子侬智聪，并于宝元二年（1039）在交阯杀死二人。侬全福妻子阿侬和另一个儿子侬智高幸免于难，逃亡后阿侬改嫁给特磨道酋长侬夏卿。

有关这段历史，不少史籍有这样的说法："侬全福的妻子阿侬本来是武

第四章 从归附到对抗：侬智高行动转变的心路历程

勒族人，侬全福被俘虏到交阯之后她又改嫁给一位姓名不详的商人，两人生育了一子取名智高。智高13岁那年认为一个人不能有两个父亲，于是亲手杀了自己的商人父亲而改姓侬，与母亲一起逃亡到雷火洞，阿侬又嫁特磨道酋长侬夏卿。"若我们仔细考察这里面隐含的时间线索和内容，就能察觉其中漏洞不少。按照这则记载的逻辑，李德政杀死侬全福在宝元二年，也就是公元1039年，当时侬智高尚未出生。假设他母亲阿侬改嫁商人后随即出生，那么侬智高出生时间也不会早于庆历元年（1041），他13岁杀掉亲生父亲，已经是皇祐六年（1054），然后母亲再嫁特磨道酋长侬夏卿。这与皇祐四年（1052）侬智高已经在边境地区频繁从事军事活动存在着不可调和的矛盾。此外，既然侬智高在13岁时以一人不能有两个父亲为借口杀了他的亲生父亲，母亲阿侬再次改嫁又如何解释？再者，根据记载侬智高庆历八年（1048）占据田州之后，强迫知州黄光祚的母亲作为自己的妻子，若按照他杀父是真实的话，当年侬智高不会超过8岁，又怎么可能娶黄知州的母亲呢？综合以上诸多疑点，可以判断包括《续资治通鉴长编》《宋史》《宋会要辑稿》乃至《文献通考》等宋代基本史料中记载的侬智高杀亲生父亲一事，定属于宋朝人对侬智高污名化的结果，而且存在着罔顾事实以讹传讹的现象。

司马光在《涑水记闻》当中记载，侬智高和母亲阿侬逃跑时，年龄是14岁。他写道："智高年十四，与其母逃窜得免。"若司马光记载没有错误的话，侬智高应该出生于宋仁宗天圣三年（1025）。他和母亲阿侬在侬夏卿的帮助下，招诱部族成员，展开军事训练，并于庆历元年（1041）在傥犹州建立"大历国"与交阯对抗,当时侬智高16岁,属于初生牛犊不怕虎的血气方刚的年龄,也正好可以说得通。交阯统治者李德政听说侬全福后代东山再起并重新建国,又很快出兵讨伐,侬智高毕竟实力难以与交阯对抗,不久兵败被擒。李德政觉得,侬全福被诛杀之后,傥犹州和周边势力也并未完全归顺自己,然而让这些少数民族觉得自己太过残忍以至于不断寻机会报仇,与其这样恶性循环,不如尝试以恩信安抚酋首以夷制夷,让他们能心服口服地归顺自己。有鉴于此,李德政没有诛杀侬智高,而是把他释放,又授给他广源州知州的官衔,紧接着划给他雷、火、戚、婆四洞及思琅州(有的史料上称为"思浪州")归其管理。庆历三年(1043),李德政还赐印给侬智高,并且晋升他的官职为"太保"。但是,侬智高虽然当时为了保命表面上向交阯服软,但他回到根据地之后,又想起自己携带生金百两向交阯表达乞求赎回自己父兄的意愿,李德政收了黄金之后仍然杀害父亲和兄长,又让自己成为阶下囚而反复凌辱,所以在方针政策的制定上非但没有臣服交阯,反而是怨上加恨。在这样的理念之下,侬智高积蓄力量网罗人才,诸如黄玮、黄师宓等一批宋朝士人加入侬智高集团当中,对他的发展壮大影响较大。

经过数年的积累和准备,庆历六年(1046)前后,侬智高重新袭击并占据安德州,建立"南天国",改元"景瑞"。李德政派遣郭盛溢讨伐侬智高,这次交阯在军事上并没有成功,侬智高实际上确定了在广源州地区的控制权,势力逐渐强大。在反抗交阯的同时,侬智高派遣使者到宋朝的邕州请求归附,希望宋朝能授予他刺史职务。宋朝认为侬智高和交阯之间矛

第四章 从归附到对抗：侬智高行动转变的心路历程

盾重重，这次他因反抗交阯而求归附，以后也可能叛变自己而归顺他人，而且，接受侬智高归顺无疑是向交阯传递某种信号，容易造成南部边境不必要的麻烦。经过朝廷讨论，最终没有接纳侬智高的请求。这为之后侬智高侵扰宋朝边境埋下伏笔。

皇祐元年（1049）七月，宋廷接到广南西路转运司的奏议，称侬智高带兵袭击邕州，于是朝廷下诏江南东西路和福建路出兵协助广南东西路抵御。然而，侬智高这样的军事行动实际上仅仅是小规模的骚扰，是要求归附被拒绝后的泄愤，也或者是象征性的军事威胁。十二月初五日，宋朝中央着手调整广南西路的官员任命，命令礼宾使、知桂州陈珙（？—1052）为洛苑使、广南西路钤辖兼知邕州，内藏库使、广南东路都监陈曙（？—1053；因为避宋英宗赵曙讳，宋代史籍当中多记载陈曙的名字为"陈晓"，实际上二者为同一人，为行文方便，下面仍然称他本名"陈曙"）为广南西路钤辖兼知桂州。并且委派宦官内供奉官高怀政（？—1050后）前往邕州，和本路转运使商量监督处理侬智高等骚扰边境事宜。

这样的人事任命是有原因的，陈珙在庆历五年（1045）平定西南边境宜州少数民族区希范和蒙赶叛乱时，立下了汗马功劳，算得上是宋朝官僚队伍中为数不多了解西南少数民族的成员之一。陈曙虽没有与少数民族打交道的经历，但他曾经处理过军队的叛乱，庆历三年（1043）光化军（今湖北省襄阳市老河口市）士兵在邵兴的率领下哗变，就是被他平定的。皇祐二年（1050）二月，陈珙、陈曙等广南西路钤辖司开始部署边境防御工事，请求在邕州边境罗徊峒设置堡寨，用来扼制广源州侬智高入侵宋朝的通道，这对于侬智高的小规模骚扰应该是起到一定作用的。

不过，从本年度广南西路的上奏也可看出，侬智高这一阶段的重点是对抗交阯，并未针对宋朝采取大规模军事行动。皇祐二年（1050）五月二十一日，广南西路转运司汇报，交阯发重兵讨伐侬智高，其部众逃亡隐蔽于山林之间，希望朝廷下诏广南西路多加防备。这次交阯进攻广源州仍然没有达到消灭侬智高的目的，但由于广南西路转运使萧固（1002—1066）派遣邕州指挥使亓赟（？—1080后）对双方战事进行刺探汇报而导致节外生枝引发了一系列的严重后果。

二、侬智高由投宋到抗宋

皇祐二年（1050）交阯对广源州侬智高的战争，宋朝边境官员比较关注其进展，所以委派邕州指挥使亓赟时刻打探消息。亓赟是宋仁宗专门从中央委派到西南边境关注侬智高事件的宦官，他在打探消息时竟然立功心切，擅自进攻侬智高。令亓赟万万没有想到的是，西南地区的宋朝禁军在和久经沙场的侬智高军队短兵相接时，竟然毫无还手之力，在全线溃败的同时自己还被侬智高俘虏，成为阶下之囚。不过，亓赟毕竟是在皇帝面前经历过大场面的人，他在保命之际告诉侬智高："我们之间的摩擦完全是误会，我来这里并不是为了攻打你们，而是来传达大宋朝廷的口谕，大宋皇帝派我来商量你们归附的事情哪！因为部下之间语言沟通出现了问题，加上双方并不熟悉才导致互殴，大宋朝现在有能征善战的禁军百万，要是真想讨伐你简直易如反掌。要不要归附，你考虑考虑吧。"

第四章 从归附到对抗：侬智高行动转变的心路历程

侬智高听了大喜过望，原来亓赟是大宋朝的使者，自己虽然目前在和交阯的斗争中暂时胜利，但也是苦苦支撑，若有大宋作为自己的后盾对抗交阯，那简直是久旱逢甘霖的美事。侬智高赶紧派自己的亲信十余名和亓赟一起到邕州，共同商量向宋朝进贡、归附等事宜。到了邕州才发现，事情并不是亓赟说的那样，所谓的使者、所谓的朝贡、所谓的归附，都是亓赟为了保命而编造出来的一系列谎言。广南西路转运使萧固把事情原委上奏宋仁宗，并建议道："以侬智高现在的实力，必定会成为南方地区的一方霸主，若借这个机会朝廷赐他一官半爵加以笼络，可以成为我大宋遏制交阯的一件利器。请朝廷三思。"然而，经过朝廷大臣们的商量，做了这样的处理："亓赟无端为国惹是生非，贬斥为全州指挥使，侬智高派遣的使者全部遣送回去，所有请求一概回绝。"而且，朝廷还下诏责问萧固："你作为广南西路转运使，若答应了你的建议，能否保证交阯不来索要侬智高？能否保证侬智高永远不侵犯我大宋领土？能否保证我大宋西南边境的和平稳定？相关问题请萧卿速速回报。"这样直击心灵的三连问使得萧固相当窘迫，萧固上表回答："侬智高这样的蛮人逐利而动，臣不敢保证他能永远效忠我大宋。然而，考虑到我们对西夏的战争刚刚平复，大规模用兵并不现实，所以像侬智高这样的情况招抚是最佳的选择。侬智高个人能力突出，近几年在广源州乃至整个广南地区很得人心，不少当地民众慕名投奔，羽翼已成，绝非交阯能够驾驭的。若他归顺之后交阯强硬来争夺，那就让他们互相争斗，我们坐收渔翁之利。"朝廷得到了萧固的回复，并没有改变既有的方针，错过了一次和平处理西南边境事件的绝佳机会。

侬智高得知宋朝朝廷的态度后相当郁闷，但为了表示归附的诚意，他仍然做着最后的努力。皇祐三年（1051）三月，他向宋朝又一次上表请求归附，并进贡驯象和大批金银，广南西路转运使萧固再次向朝廷上奏申述了侬智高的诚意，结果朝廷的答复让萧固和侬智高都相当失望："广南西路转运司、钤辖司共同以地方名义回复侬智高，广源州本来隶属于交阯，若能和交阯一起朝贡，朝廷决不拒绝，若广源州单独进贡，大宋朝没有办法接受。"完全是一副拒人千里之外的姿态。此外，侬智高还通过知邕州陈珙向朝廷进贡金银，送上请求归附的书信，结果仍然是被否定，宋朝毫无回转余地地拒绝侬智高的归附请求，无疑断绝了他依附宋朝的所有幻想。于是，侬智高依托于广源州盛产金银等矿产的资源优势，招纳亡命之徒，收买周边少数民族壮大自己的力量，暗暗做着大举进攻宋朝的准备。

在这个过程中，宋朝一方并不是毫无察觉，孔宗旦（？—1052）就是一个代表。孔宗旦，曲阜人，是孔子四十六代孙，当时官为广南西路司户参军，《宋史·孔宗旦传》记载了他对当时的邕州知州陈珙进言防备侬智高之事，他说道："邕州在官府正堂上无故出现白烟，郁江洪灾泛滥，这些都属于用兵的预兆。假若邕州有军事行动，肯定是侬智高入侵，请及时准备以应对。"陈珙根本不相信一向表面上摆出示弱和卑微姿态的侬智高敢对大宋用兵，所以并没有把孔宗旦的话放在心上。孔宗旦见陈珙不采纳自己的意见，就反复进言不止，气得陈珙大骂："好个不知天高地厚的孔司户，你癫狂了吗！"陈珙之所以如此坚决地认为侬智高不会造反，除了狂妄自大之外，司马光在《涑水记闻》中还强调指出，他身边有一部分人已经被侬

第四章　从归附到对抗：侬智高行动转变的心路历程

智高暗中收买，一直在到处传播侬智高不可能造反的虚假信息。所以，主事官员不作为使得宋朝整个南部边境军备松弛，基本上是毫无防备。

皇祐四年（1052）四月，侬智高感觉起兵的时机已然成熟，一天晚上用计放火烧了自己的根据地，进而聚集部下说："我亲爱的勇士们，交阯多年来一直欺压我们，想除去我们而后快，我们投靠宋朝又屡屡遭到拒绝，现在一场天火烧尽了我们所有的物资，真的是走投无路啦！能不能这么理解，这场天火是上天的启示，要我们和旧日诀别。根据我们可靠的情报，宋朝边境驻兵不堪一击，从现在开始我们一举攻下邕州，进而占据广州，建立属于自己的政权，绝好的机会就在眼前，我亲爱的勇士们，你们意下如何？"部下们看到眼前的现实情况，也都同意跟着侬智高一起起兵。于是，侬智高率领部下五六千人沿郁江东下，进攻横山寨（在今广西壮族自治区百色市田东县），寨主、右侍禁张日新（？—1052），邕州都巡检、左班殿直高士安（？—1052），钦州、横州同巡检、右班殿直吴香（？—1052）战死，横山寨失守，侬智高军队以迅雷不及掩耳之势到达了广南西路最重要的邕州城下。

邕州当时所驻守的禁军不足 1000 人，知州陈珙在仓促之下，紧急命令邕州通判、殿中丞王乾祐（？—1052）守卫邕州北门来远门，权邕州都监、三班奉职李肃（？—1052）守卫邕州东门大安门，指挥使武吉（？—1052）守卫南门朝天门，自宾州前来援助的广西都监、六宅使张立（？—1052）计划守卫西门。张立刚入城就直接上城守卫，陈珙携军士带酒上城为他接风，还没有喝完酒邕州城已经沦陷。作为广南西路最重要的邕州，竟然在片刻之间被侬智高攻陷，一方面反映出侬智高军队能征善战，准备极其充分；另一方面也可说明宋朝的防范实在懈怠，禁军毫无战斗力可言。邕州城沦陷后，上到知州陈珙、通判王乾祐、广西都监张立，中到司户参军孔宗旦、节度推官陈辅尧（？—1052）、观察推官唐鉴（？—1052），下到普通兵士百姓被一网打尽。侬智高在检查战利品时，发现他写给宋仁宗请求归附的奏议，竟然一直沉睡在邕州的军资库中，于是相当气愤地质问陈珙道："我一而再再而三地上奏向大宋皇帝求归附，给一个封号用来统辖周边少数民族部众，你抬抬手就能够传递到京师开封，就这样一个小小的请求，为什么都不上报呢？"陈珙吓得面如死灰，哆哆嗦嗦地说已经上奏朝廷，但朝廷并没有答复。侬智高一边扔下自己奏议的原件，一边索要他向皇帝上奏的奏章草稿，陈珙在寻觅不见的情况下对着侬智高高呼万岁，跪地求饶乞求为侬智高效力，终究没有获得谅解。

皇祐四年（1052）五月初一日，在侬智高处死邕州主要官员之后，随即宣布建立"大南国"，自己称"仁惠皇帝"，建元"启历"，并按照宋朝的职官制度设立了自己政权的官职，标志着侬智高与宋朝的全面决裂。侬智高和手下幕僚黄玮、黄师宓共同商议，一致认为邕州只是起点，这里经济落后，交通不便，并不适宜作为都城，他们必须沿江东下，攻下广南东西路经济最发达、军事地位最重要的广州，以广州为自己的都城，以五岭为界割据两广，稳步建设自己的"大南国"，这才是他们的终极目标。

第四章 从归附到对抗：侬智高行动转变的心路历程 115

三、宋朝地方官员的初步应对

若以一场考试作为例子来比较宋朝地方官员针对侬智高进攻的应对，那么绝大多数人的表现是不及格的，甚至很多人成了"白卷英雄"。从五月初一侬智高占领邕州建立"大南国"开始，他的军队按照既定战略方针沿江东下，一路所向披靡。五月初九日，侬智高到达距离邕州220里外的横州（今广西壮族自治区横州市）。据记载，北宋没在此地驻扎禁军，横州知州、殿中丞张仲回（？—1052后）和横州监押、东头供奉官王日用（？—1052后）等弃城逃跑，交了白卷。五月十二日，侬智高军队到达贵州（今贵州省贵阳市）。根据北宋初期乐史（930—1007）所撰地理总志《太平寰宇记》记载，横州到贵州水路105里，坐船需要走4天才能到达，而初九到十二中间刚好4天，能够知晓侬智高在进攻宋朝州县的路上，也是马不停蹄一帆风顺的。宋朝在贵州地区也没有驻扎任何禁军，知州、秘书丞李琚（？—1052后）同样弃城逃跑，交了白卷。五月十六日，侬智高军队到达210里外的龚州（今广西壮族自治区贵港市平南县）。龚州同样没有驻扎任何禁军，知州、殿中丞张序（？—1052后）弃城逃跑，依旧交了白卷。五月十七日，也就是攻陷龚州的次日，侬智高军队获得"大丰收"，一天攻下了藤州（今广西壮族自治区梧州市藤县）、梧州（今广西壮族自治区梧州市）和封州（今广东省肇庆市封开县）三个州。藤州知州、太子中舍李植（？—1052后）和梧州知州、秘书丞江镃（？—1052后）先后弃城逃跑，仍然是交了白卷。封州知州、太子中舍曹觐（1018—1052）率军抵抗，这是侬智高进攻宋朝半个月以来第一个抵抗的地方官员，曹觐兵败被杀。王安石曾总结了侬智高侵宋时广南东西路地方官的表现，他强调指出："侬智高反广南，攻破诸州，州将之以义死者二人。"州将在宋代是知州的别称，封州知州曹觐就是王安石说的"以义死者"的二人之一，值得我们在这里重点介绍。

曹觐字仲宾，建州（福建省南平市建瓯市）人，《隆平集》《东都事略》和《宋史》当中均有传记。他是右谏议大夫曹修古（？—1033）的侄子，曹修古死后无嗣，天章阁待制杜杞（1005—1050）向朝廷汇报了这件事，并建议授曹觐建州司户参军作为曹修古的儿子，他仕宦期间恪尽职守，皇祐年间（1049—1054）被授予太子中舍、知封州。封州当地没有禁军驻守，也没有修筑过城墙等防御工事，当侬智高军队大军压境时，部下都劝说曹觐弃城逃走，被曹觐义正词严地拒绝。他说道："吾守臣也，有死而已。且吾家以忠义自持，吾岂苟生者！敢言避贼者，斩！"曹觐招募了百余人的敢死队，都监陈晔率领乡丁进行抵抗，封州令率领维护地方治安的弓手作为第二梯队。面对百倍于自己的侬智高军队，封州这点兵力无疑羊入虎口，很快被击溃，而曹觐坚持率领身边的随从继续战斗。这场以卵击石的战斗没有持续很久就结束了，侬智高觉得曹觐还算是有骨气，就用高官厚禄及美色诱惑他跪拜投降，侬智高说道："从我得美官，付汝兵柄，以女妻汝。"曹觐拒绝跪拜，并且厉声叫骂："人臣惟北面拜天子，我岂从尔苟生邪，速杀我，幸矣。"在招降未果后，侬智高仍然觉得曹觐有骨气，和一般贪生怕死的宋朝官员不同，于是将他安置在运兵船中。曹觐毫不动摇，绝食数日以明志，侬智高看招降他没有任何希望，就将他残忍杀害抛尸郁江之中，年仅35岁。封州在当时隶属于广南东路，它的沦陷标志着侬智高军队已经从广南西路进攻到广南东路，他们按照既定方针，继续向东挺进。

五月十八日，侬智高率军进攻康州（今广东省肇庆市德庆县），康州知州、太子右赞善大夫赵师旦（1011—1052），康州监押、右班殿直马贵（？—1052）双双战死。赵师旦和曹觐一样在《隆平集》《东都事略》和《宋史》当中均有传记，他是王安石所说"以义死者"的第二位。传世文献当中有关赵师旦的记录不算太多，但他的家族世系之类的基本信息，竟然有不能完全吻合之处，对此我们在这里稍加说明。

赵师旦字潜叔，楚州山阳（今江苏省淮安市淮安区）人，《隆平集》《东都事略》和《宋史》的赵师旦传记当中，一致称他是宋仁宗朝枢密副使赵稹（962—1037）的侄子，看似没有任何问题。但王安石在赵师旦墓志当中却记载："曾祖讳晟，赠太师。祖讳和，尚书比部郎中，赠光禄少卿。考讳应言，太常博士，赠尚书屯田郎中。"而尹洙在赵稹墓志铭中叙述其家族世系时候说道："考晟，赠太师。妣孙氏，追封洛阳郡太夫人。"两者对比可以推出，赵师旦曾祖赵晟至少有两个儿子，一位是赵师旦的爷爷赵和，一位是赵稹。所以赵师旦和赵稹不是叔侄关系，而是叔祖和侄孙关系。这样也可以解释王安石在赵师旦墓志中说到的另外一句话："君用叔祖荫试将作监主簿。"也就是说赵师旦是由于赵稹的荫补进入仕途的。他在地方上仕宦多年，颇有政绩。皇祐二年（1050）由于宋仁宗明堂大礼恩，阶官升迁为太子右赞善大夫，差遣从知徐州彭城县改为知康州。

当邕州城被侬智高攻陷之后，赵师旦和其他知州不同，他已经派人暗中打探这股敌军军事行动的动态，以及所到之处的战斗情况。探事人回来汇报的结果是侬智高所到之处，州县官员全部弃城逃跑，无一例外。赵师旦听了之后气愤不已，于是在辖境内招募士兵，修葺城墙以加强戒备。但当时康州没有驻扎禁军，赵师旦也只是临时招录了300人组成所谓的敢死队，对抗侬智高的大军实在是捉襟见肘。侬智高军队当天到达康州城下的时候天已经快黑了，先头部队还没有稳住神，竟然被赵师旦和三百壮士来了个开门"痛击"，死伤十余人。侬智高军队稍一用力，他们就难以支持退回城中。赵师旦也知道自己这些手下的斤两，他取了象征权力的官印给妻子说："明日贼必大至，吾知不敌，然不可以去，尔留死无益也。"已经有为国殉职的决心，一定要拼个鱼死网破。王安石在他墓志当中，对比了康州城沦陷前一天晚上赵师旦和副手马贵的行为，王安石写道："马贵非常惶扰，甚至到了吃饭拿不住筷子的地步。只有赵师旦自己镇定自若，言谈举止、饮食起居一如平日。到了晚上，马贵紧张、焦虑乃至恐惧叠加在一起，在床上坐卧不安。赵师旦头刚贴着枕头就鼾声四起，一直睡到大天亮。"紧接着王安石感慨道："夫死生之故亦大矣，而君所以处之如此。呜呼！其于义与命，可谓能安之矣！"笔者有理由相信，马贵对于即将到来的死亡紧张得无法饮食入睡，赵师旦吃饭睡觉如平日一般，类似的细节描写如临其境绘声绘色，但实质上出自于王安石的想象，否则像这样的内容，在城池即将被攻陷之际，又是谁能这么冷静、持续地观察知州和监押的日常活动呢？不过，经过王安石的加工和叙述，赵师旦为国捐躯前对待生死的坦然，及其伟大的个人形象便栩栩如生。

五月十九日在黎明之际侬智高军队开始进攻，赵师旦对部下高呼："你们愿意斗争到底而死，还是屈辱投降被杀而死？"部下都高声称愿以死报国来呼应，而事实证明，赵师旦、马贵和部下也践行诺言，全部都是战斗到底，没有一个弃城逃匿的。李焘在《续资治通鉴长编》上留下了赵师旦的最后一句话，他对着侬智高大骂道："饿獠，朝廷负若何事，乃敢反耶！天子发一校兵，汝无遗类矣。"被激怒的侬智高很快杀死了赵师旦。然而，赵师旦诅咒的让侬智高死无葬身之地，这一阶段还看不到任何迹象。

五月十九日，侬智高和军队攻下端州（广东省肇庆市端州区），这个端州盛产砚台，此处在宋朝最为知名的典故就是包拯为知州，"岁满不持一砚归"。端州知州、太常博士丁宝臣（1010—1067）弃城逃跑。丁宝臣字元珍，晋陵（今江苏省常州市）人，景祐元年（1034）进士及第。丁宝臣在仕宦过程中和欧阳修、王安石等私人关系都相当融洽，他治平四年（1067）去世后，王安石撰写了墓志铭，欧阳修熙宁元年（1068）为他撰写了墓表。我们看看，两位大文豪如何描述弃城逃跑的丁宝臣呢？

王安石很简单地一笔带过，他写道："侬智高反，攻至其治所，君出战能有所捕斩。然卒不胜，乃与其州人皆去而避之，坐免一官。"王安石笔下，丁宝臣在和侬智高军队接触期间，刚开始没有逃跑而是出战且有所斩获，在力战不支的前提下才逃命的。欧阳修的描述却很值得玩味，他写道："国家自削除僭伪，东南遂无事，偃兵弛备者六十余年矣，而岭外尤甚。其山海荒阔，列郡数十，皆为下州，朝廷命吏，常以一县视之，故其守无城，其戍无兵。一日，智高乘不备，陷邕州，杀将吏，有众万余人，顺流而下，浔、梧、封、康诸小州，所过如破竹。吏民皆望而散走，独君犹率羸卒百余拒战，杀六七人，既败亦走。初，贼未至，君语其下曰：'幸得兵数千人，伏小湘峡，扼至险，以击骄兵，可必胜也。'乃请兵于广州，凡九请，不报。又尝得贼觇者一人，斩之。贼既平，议者谓君文学，宜居台阁备侍从以承顾问，而眇然以一儒者守空城，提百十饥羸之卒，当万人卒至之贼，可谓不幸。"欧阳修不愧为文学巨擘，我们在他的笔下竟然读出了感动！读出了弃城而逃的端州知州丁宝臣是多么不幸。欧阳修为丁宝臣洗白的这段描述，可以分为层层递进的几个层面：

首先，从"国家自削除僭伪"开始到"其戍无兵"为止，这是对宋朝整个南方政策和南方州军现状的描述，是欧阳修立论的前提和背景。自从我大宋统一南北之后，南方地区和平稳定六十多年，西南地区很多州郡人口不多，朝廷并不重视，甚至到了连士兵乃至城墙都没有的地步。这样的现实情况，就是卫青霍去病，就是吕奉先关云长，就是秦叔宝尉迟恭，甚至就是有三头六臂的哪吒来了，都守不住，更别说是丁宝臣了。

其次，从"一日"开始到"既败亦走"为止，这是侬智高叛乱之后在广南东西路攻城略地的基本情况，是欧阳修立论的重要支撑。当侬智高入侵之时，诸如梧州、康州、封州、龚州等州的知州们闻风丧胆落荒而逃，唯有端州知州丁宝臣率领百余名军士誓死抵抗。在欧阳修笔下，广南东西路的官员分为两类，一类是尽力抵抗的丁宝臣，另外一类是望风而逃的其他官员。两者形成鲜明对比。但是，作为朝廷重臣的欧阳修，不可能不知道曹觐、赵师旦是如何率领士兵们拼死抵抗的，他这样罔顾事实的写作，无非就是为丁宝臣洗白罢了。

复次，从"初，贼未至"开始到"斩之"为止，这是端州知州丁宝臣有前瞻性、有操守、有担当的另外一个重要证据。在侬智高进攻端州之前，丁宝臣还先后九次到广州求援，希望得到部分军队，以便执行他中途据险截杀侬智高的宏伟计划。若我们循着欧阳修的写作模式去思考，假若给了丁宝臣数千名士兵去执行他的计划，侬智高军队一定会被他击败，根本没有后面皇帝震怒，派出全国最精锐部队和最强将领来处理这些后续了。

最后，从"贼既平"开始到"可谓不幸"结束，这是欧阳修所做的结论和升华。欧阳修感叹道，一个满腹诗书的文学之士，擅长做的事情是在皇宫之内做皇帝的顾问，现在让他带领百十个老弱残兵去战斗守备，简直是强人所难，实在是不幸和悲哀。但是，欧阳修也不可能不知道，以文臣做知州是宋太祖朝定下的规矩，是宋朝制度中"以文驭武"的重要手段。这样的写法，是不是得了便宜还卖乖，遇到事情就甩锅呢？

值得欣慰的是，欧阳修这样为丁宝臣粉饰和遮羞的写法，被南宋著名史学家李焘毫不留情地指出和揭露出来，李焘在《续资治通鉴长编》中强调："欧阳修、王安石为丁宝臣写墓志碑铭，全都说他曾经迎战侬智高，甚至还有所斩获，只不过是最终因缺兵少将没能胜利才逃跑的。这是他们隐恶扬善的溢美之词，不足为信！"

五月二十二日，侬智高率军到达距离端州240里的广州，按照既定的战略意图，攻下广州城作为根据地，稳步发展壮大其"大南国"。广州从秦汉以来已经是整个东南地区的政治、经济和文化中心，到了唐宋时期，更成为当时最大的海港城市，海外贸易范围远到现在地理意义上的西亚和东非，有诗称"千家日照珍珠市，万瓦烟生碧玉城"来形容广州城市的繁荣景象。甚至反映在宋朝官方颁布的官员委任状中，广州城也是"南海百货之所丛，四方商贾之骈集"的繁盛之地。宋代广州是广南东路的治所，具有重要的政治地位，宋朝政府的官员对此也有相当清楚的认识，在任命广州知州等官员时的委任状，开篇就这样写道："广州是岭外最为重要的州级行政区，以广州为中心可以治理两广，还能控制诸如日本、东南亚诸国和中国之间的贸易往来。广州城府库储藏丰富，市里繁华，人口众多，是东南地区的第一大都会。"广州政治、经济和军事地位如此重要，所以宋廷在当地屯驻禁军3指挥满额计有1500人，占整个广南东西路的37%，与一般南方州没有禁军驻防，或者知州只能率领"百余名"不知道是厢军还是弓手等充任的军士相比，广州城称得上是"重兵"把守。

而且，广州城的修筑也相当完善，这要得益于宋仁宗庆历年间的广州知州魏瓘（？—1064后）。魏瓘字用之，歙州婺源（今江西省上饶市婺源县）人，父亲魏羽（944—1001）曾官至权知开封府。魏瓘以父亲荫补进入仕途，为官期间不畏强暴、政事严明，他在宋仁宗庆历五年（1045）知广州任内，曾主持修筑广州子城。当时士大夫当中有不少反对意见，他们都认为，广州因临近海洋而土质松软，加上遍地蚌壳沙砾，实在无法修筑城池。这样的反对筑城意见一度占据上风，魏瓘没有盲目听信，根据他对子城周边的实际考察，吸收反对意见当中一些合理的观点，同时强调为了防御需要，至少可以修筑广州城的子城，所以他在一片反对声中修起了周长5里的子城城墙。司马光《涑水记闻》中说这个"子城修筑的非常狭小，仅能容下政府办公的府署和储备粮草的仓库而已"。在此基础上，魏瓘又兴修广州城的护城河，在城内凿井以方便官民饮用，并制造强弩作为守城利器。魏瓘对广州城的修筑面积不大，但费工费力很多，当时反对者夸张地说导致"公私告罄"，就是官府和民间的人力、财力和物力都消耗得很厉害，以至于魏瓘调任之后还被人拿此事讥诮讽刺。但待到侬智高率领军队围攻广州时才证明，子城和护城河的兴建以及开凿水井等举措，对城市防御而言意义重大。

广州的最高行政长官为知广州，又因为它是广南东路地位最重要的州，根据宋朝"一路首州知州兼任安抚使"的制度规定，所以广州知州兼任广南东路安抚使一职，而且在北宋神宗元丰三年（1080）之前，广州知州还一直兼领市舶司事务，故广州知州在当时称得上是位高权重。侬智高围城时，广州知州为仲简。仲简字畏之，扬州江都（今江苏省扬州市江都区）人，年少时家境贫寒，以代替他人抄书写字养家糊口，天禧三年（1019）进士及第。仲简在知广州之前，有着丰富的仕宦经历，在知处州任上被称为治理东南地区的第一人，不可谓不优秀，但这种优秀或许只能反映在承平时期，他在危急时刻的表现，只能用一个"差"字来形容。

《宋史·仲简传》和《续资治通鉴长编》都记载了仲简的荒唐行为："在侬智高攻陷邕州，并且沿江而下准备进攻广州的时候，有些官员或探马把这样的消息紧急报告给仲简，仲简没有查探是否属实，更没有严加戒备，而是把这些传递消息的人全部囚禁了事。而且他还写下告示张贴于道路及城门等显眼的地方,强调如果谁再敢提侬智高进犯广州这样妖言惑众的话,直接斩首示众。"仲简看似处置果断,但实际上简单粗暴的做法,无疑让有志之士寒心,妥妥就是那只头埋在沙丘当中的鸵鸟!这样的"迷之操作"当然无法阻止侬智高军队的进攻,仲简也最终活成了笑话。

在长官仲简"鸵鸟心态"颁布的高压政策下,侬智高要攻打广州城的消息倒是消停了两天,但民众竟然也在这精神鸦片的麻痹下放松了警惕。待到侬智高军队兵临城下之际,民众慌忙入城躲避以致发生践踏事件,死伤众多。仲简闻讯赶紧让守城士兵关闭城门,他强调指出:"我们城中什么都没有,还恐怕侬智高这伙贼人来袭击,更何况这些民众携带财物入城,更会成为侬智高攻打我们的诱导因素。"在这样归国无门的情况下,许多民众被侬智高俘虏而加入他的队伍,广州城下宋朝军民混乱不堪且气势低落,反观侬智高军队,精神饱满且有必胜信心,对比相当明显。

以历史学的后见之明分析,侬智高战略进攻的第一阶段到此为止,围攻广州战略相持的第二阶段正式上演,这也拉开了宋朝官民"广州保卫战"的序幕。

四、宋朝的"广州保卫战"

侬智高袭击宋朝南方城池的消息,由零零星星到纷纷扬扬,越来越多地传到数千里外的京师开封,刚开始宋仁宗和文武百官似乎并没有太当回事,因为西南少数民族部落经常会小规模骚扰州县,只需要三五百人恐吓性地镇压,就会乖乖俯首听命。而且,侬智高近些年一直向朝廷要求朝贡和内附,不可能真刀真枪地攻打大宋州县。经过宰执大臣集议,宋廷要求进奏院不要将侬智高袭击西南地区州县的事情写入邸报向地方州县散布,免得造成恐慌情绪而自乱阵脚。然而,随着事态的逐渐扩大,宋廷发现事情并不是他们想象的那么简单,于是开始部署平定侬智高的措施。

皇祐四年(1052)六月,宋廷着手调整了广南东西路一批官员的任免,以期顺利平定侬智高的叛乱。广南西路方面的官员调整中,起用在家为父亲守丧的前卫尉卿余靖为广南西路安抚使、知桂州,前屯田员外郎、直史馆杨畋(1007—1062)为广南西路体量安抚提举经制贼盗;命崇仪使、知桂州陈曙为广南西路钤辖,命洛苑副使、兼阁门通事舍人曹修(?—1052后)为广南西路同体量安抚经制盗贼,礼宾副使王正伦(?—1052)为权广南西路钤辖;命知宜州、文思副使宋克隆(?—1053)为礼宾使、知邕州;广南东路方面官员调整中,给事中、知越州魏瓘为工部侍郎、集贤院学士、知广州;如京使、资州刺史张忠为广南东路都监,北作坊使、忠州刺史、知坊州蒋偕为宫苑使、韶州团练使、广南东路钤辖。这一批官员任免有四个很强的特点:

第一,注重官员个人的经历和战功。广南东路都监张忠是职业军人,他最初隶属于龙猛军,长期活跃于宋夏战场的前线,在前述水洛城事件期间,狄青曾经差遣为瓦亭寨都监的张忠代替刘沪为水洛城主。庆历八年(1048)平定贝州王则兵变时,张忠身先士卒冲在最前线,立功颇多。王正伦也是一位职业军人,曾经出使西夏,还作为接伴使与西夏使者交涉,在时人眼中算是比较熟悉少数民族事情的人物。蒋偕我们前面也提到过,王素让他戴罪立功修筑城寨,他在宋夏战争期间虽有瑕疵,但总体而言立有战功,可以与当时的名将种世衡齐名,范仲淹就称他"驾驭少数民族能力很强,恩威并施很有效果"。庆历六年(1046),蒋偕还被任命为荆湖南路钤辖,负责平定了荆湖南路少数民族叛乱,取得了很好的效果。

第二,注重官员的出身和影响力。曹修,真定灵寿(今河北省石家庄市灵寿县)人,为北宋初期名将曹彬(931—999)之孙,曹琮(988—1045)之子,是典型的将家子。真定曹氏从五代开始已经是一个典型的武将家族,曹修祖父曹彬战功赫赫,被欧阳修盛赞为"国朝名将,勋业之盛,无与为比",他的父辈曹璨(950—1019)、曹琮和曹玮(973—1030)均有战功,尤其叔父曹玮在对西夏和周边少数民族政权战争中,未尝有败绩。杨畋字武叔,号乐道,麟州新秦(今陕西省榆林市神木市)人,是赫赫有名的杨家将第四代传人,他的曾祖父杨重勋(?—975)和杨业(?—986,原名杨重贵)是亲兄弟,爷爷杨光扆(955—985)去世时差遣为监麟州兵马,杨畋虽然和父亲杨琪(969—1049)一样弃武从文而通过科举进入仕途,但朋友们和同僚仍然很看重他出身杨氏将门的身份。而且,杨畋在庆历五年(1045)讨伐荆湖南路少数民族叛乱时,也显示出很强的带兵作战能力。

第三,注重官员对事件发生地区的了解。余靖是韶州曲江人,属于熟悉该地区环境、语言及风土人情的当地人。魏瓘庆历四年(1044)到庆历七年(1047)担任过广州知州,现有广州城的防御设施均出自他一手安排,属于熟悉广州城池情况的权威人士。

第四，这些官员的任命，大多数还是以当地官员的调任和补充为主体，没有从全国大范围内遴选调动，这样的人事安排，或可以从侧面反映宋廷对这次事件已经开始重视，但重视程度一般，仍是朝廷平定少数民族地方政权骚动和小股叛乱的模式。

与之前的攻城略地如入无人之境不同，这是侬智高军队第一次遭遇到真正意义上的攻坚战。在广州城下，侬智高军队发起了猛烈进攻，而魏瓘修筑的城池发挥了重要作用。侬智高刚开始的想法是大举进攻迅速拿下广州城，所以利用云梯、土山等攻城手段，一波接着一波地进攻，然而由于魏瓘修筑的城墙坚固，而且配合有强弩，侬智高军队付出很大代价也没有能够奏效。强攻未果，侬智高改变策略，把广州城四面合围且截断水源，企图让城内因饮用水不足而投降。这一釜底抽薪的策略，本来是对难以攻下的城池最有效的手段，但广州城内因有水井作为饮用水源，所以这样的围困计策也没有能够成功。与此同时，广州城外的宋朝部队正在集结救援。最早一拨援军由广端都巡检高士尧（？—1052后）带领，他们于六月十一日到达，当日高士尧和侬智高军队在广州城外市舶亭附近激战，没有能够突破侬智高军队的包围。六月十七日，广惠等州都大提举捉贼、西京左藏库副使武日宣（？—1052），惠州巡检、左侍禁魏承宪（？—1052）在广州城外与侬智高军队短兵相接，因为整体实力不足又救援心切导致全军覆没。

大体同时，知英州苏缄（1016—1076）也带领千余人援助广州，他对部下说："广州和我们距离很近，广州城破，我们也一定不能幸免，与其在这里坐以待毙,不如我们全力去挽救危在旦夕的广州城。"出发之前,他甚至把官印交给广南东路提点刑狱公事鲍轲(?—1057后),以显示自己视死如归的决心。苏缄字宣甫,泉州晋江(今福建省泉州市晋江市)人,景祐五年(1038)进士及第,是北宋后期知名大臣、科学家苏颂(1020—1101)的堂叔。苏缄在仕宦期间有胆识,他到阳武县任负责治安的县尉时,发现当地有位叫作李囊的大盗横行州县,几任阳武知县都无可奈何。苏缄上任之后很快启动调查,终于找到了李囊的藏身之处。当时若直接强攻的话,李囊房间内有无机关,有无同党,武器储备程度等都不确定,存在很大风险。苏缄很快想到一个很好的计策:他让部下团团包围封堵了这一街区,在准备好之后就在大盗李囊藏身处的邻居家放火,李囊仓促之下逃避火灾,在众弓手围堵的情况下竟然杀出重围,苏缄拍马赶到,一刀毙命。由这件事情能够看出,苏缄虽然科举出身,但可谓是能文能武,做事果敢、谋略过人。他在救援广州城时也显示了他的智谋。早于苏缄到达的援军,一般是文臣武将率领小部军队"正面硬刚"侬智高军队,结果都是力战之后或败或亡,这样一来双方军队气势此消彼长,反而让侬智高军队觉得宋朝军队战斗力实在太弱,客观上助长了他们的气焰。苏缄则多方面打探侬智高军队信息,当他得知侬智高军中主要谋士是广州人黄师宓的时候喜出望外。苏缄没有盲目地领兵直接冲击侬智高军队,而是很快派人找到黄师宓父亲,在侬智高阵前斩杀,搞得黄师宓阵脚大乱。同时,他还用威信招降了六千名被裹挟参加侬智高军队的宋朝民众,这两大"杀人诛心"的举措,稍稍打击了侬智高军队的气焰。

番禺县令萧注（1013—1073）和东莞县主簿兼县令黄固（？—1052后）从水路给广州城以强力支援。萧注字岩夫，临江军新喻县（今江西省新余市）人，庆历六年（1046）进士及第，授广州番禺县令。广州城被包围之前萧注没有在城中，他得知广州城被围困的消息，就在周边地区招募了懂水性的少年壮士千余人停留在珠江上游，随时侦察侬智高军队情况以备不时之需。眼看围城一个多月没有能够成功攻下广州城，侬智高军队的粮草辎重也逐渐出现紧张局面，为了尽快拿下广州城，他们改变策略，想利用手中的百余艘运兵船为依托，避开坚固的城池而从海上进攻南城。李焘在《续资治通鉴长编》中说道，这样原本属于出其不意的进攻方式被萧注识破，他招募的水军发挥了很大作用。当侬智高军队在船上集结时，萧注乘大风在上游纵火焚烧自己的部分船只，火船自上游而下，侬智高军队的船只躲避不及死伤甚重，史籍形容侬智高军队船只"烟焰属天"，在侬智高军队慌乱之际，数千名军士泛舟前来冲击，侬智高军队在火攻加上水军的双重打击下，尸体盔甲堆积得像小山一样高。

司马光《涑水记闻》中也记载了利用水军攻击侬智高军队的这个事情，然而故事的主角，却由番禺县令萧注变为东莞县主簿兼县令黄固。不过，黄固这一说法仅见于此，其他所有材料都没有记载，是司马光的记载不准确吗？个人认为应该不是。司马光这条记载之后，特别注明了这件事情是蔡抗（1008—1067）讲给自己的。蔡抗字子直，应天府宋城县（今河南省商丘市睢阳区）人，景祐元年（1034）进士及第。他进入仕途之后曾长期担任秘阁校理、史馆修撰等差遣，可以接触到很多臣僚奏议，而黄固的事情应该不是他杜撰,而是从臣僚奏议上看到或听说的。而且,东莞县主簿黄固在侬智高军队围城时出力很多,司马光也听当事人广南东路转运使王罕(?—1060后)亲口说过,故司马光所记当不至于有误。笔者个人比较倾向于萧注和黄固两个县令共同组织了这场千余水军的阻击战。

那么,为什么南宋人李焘认为是萧注一个人的功劳呢?这或许和两人此后仕宦经历有关。萧注在这次阻击战后,很快升官为礼宾副使,进入武选官横班诸司使系列当中,又加广南东路都监兼管勾东西两路贼盗事,成为平定广南东西路贼盗事的重要将领之一,平定侬智高叛乱之后一直仕途顺利。而黄固个人运气则差了太多,他在阻击侬智高之后,被仇家也是上司的广州通判孟造诋毁,这一消息也是司马光听蔡抗说的。

司马光在《涑水记闻》当中写道:"会通判孟造素不悦固,乃按固所率舟中之民,私载盐鲞于上流贩卖,及县中官钱有出入不明者,摄固下狱治之,诬以赃罪,固竟坐停仕。既而上官数为辨雪,治平中乃得广州幕职。"首先解释一下通判是什么官:通判设置于宋朝初年,是朝廷用来限制地方上知州权力的一个差遣,所以设置之初作为通判的官员经常和知州争夺权力,双方经常闹得很不愉快,一个典型的例子是欧阳修在《归田录》当中记载的趣事:"往时有钱昆少卿者,家世余杭人也。杭人嗜蟹,昆尝求补外郡,人问其所欲何州。昆曰:'但得有螃蟹无通判处,则可矣。'至今士人以为口实。"这位吴越钱氏的后人在别人询问他想到哪个州任知州时,他对答以有爱吃的螃蟹,没有令人生厌的通判处,是最好的。这样的态度大体可以反映出通判在地方上拥有较大权力。在之后的发展过程中,通判逐渐成为知州的副手，也就是说他是一个州的副长官、副市长，和现在情况类似，一个地方只能有一个正职，但可以有若干个副职。宋代地方上较大的州可以设两个通判。无论如何，通判在地方上的权力一直不小，尤其是具体到他针对的是自己的直接下属东莞县主簿兼县令黄固而言。在通判孟造口中，黄固是个带领兵士贩卖私盐，见利忘义、贪赃枉法的官员，而且还在侬智高叛乱之际借机敛财，性质相当恶劣，所以朝廷很快处罚黄固，导致他被免官近15年，一直到宋英宗朝才重新当了个小官，实际上已经淡出历史舞台。这应当就是广州海上阻击战的功劳逐渐汇集在发起人之一的萧注身上，而黄固则被大家选择性遗忘的真正原因所在吧。

这件事情告诫我们，能得罪君子，不得罪小人，尤其是在工作场合，不要轻易得罪你的上司，哪怕你是站在正义和真理的一方，说话做事尽量讲究方式方法。同时还告诫我们，现在常说的"造谣一张嘴，辟谣跑断腿"就很好地体现在这件事当中，张三有恶意或者无恶意地传播了李四的一则不实言论，李四要消除这则谣言带来的影响，要花很长很长时间，黄固这次被造谣，基本上算是赔上了自己的职业生涯。

宋朝军队在珠江水战大获全胜，士气高涨，广州城内官兵看到也欢欣鼓舞，更加坚定了守城决心。侬智高军队则遭到很大打击，这是他们几个月来的第一次惨败，没能够攻下广州城，军队内部逐渐产生了不同的声音。宋朝方面好消息则接二连三地到来，前段时间出巡潮州的广南东路转运使王罕听说广州城被围困之后，也很快招募千余人的军队紧急援助，随着军队及粮食装备相继进入广州城，守备力量更加壮大。

在感觉正面攻城基本无望的现实下,侬智高军队最后孤注一掷,想利用诱降和偷袭这样的方式解决战斗。司马光《涑水记闻》中记载了王罕进入广州城后,与钤辖侍其渊防御侬智高军队时的一次惊险经历:"王罕、侍其渊在广州城内备御侬智高军队时夜以继日地工作,将士们都相当疲惫。广州城内有一位偏将意志力到达极限,准备率领亲兵在夜幕下开门投降,侍其渊巡察时候恰好发现,他就对这些人说,弟兄们,我知道大家已经辛苦到极点了,不过你们真的认真考虑了吗?我现在告诉你们,要是投降了肯定被侬贼们当奴隶驱使,而全家妻儿老小全被朝廷诛杀。其实反贼们已经是强弩之末,我们再坚持一下很快就能取得胜利,不仅可以保全小家,还能得到朝廷大量赏赐,请弟兄们三思!在他的劝诱下平息了这场倒戈风波。侍其渊在当晚巡视期间还发现了小股侬智高军队正在借着夜幕悄悄登城,于是他赶快喊醒在城上和士兵一起驻防的转运使王罕,二人携带亲信弓弩手很快到达现场,悄无声息地化解了这场偷袭。"最终,侬智高军队觉得攻下广州城已经成为不可能的事情,经过反复评估之后,于七月十九日撤军,前后围困广州城整整57天。经过这近60天的努力,宋朝军队遏制了侬智高以广州为中心建立自己政权的战略企图,为稳步解决侬智高问题奠定了坚实基础。

然而,由于当时信息传递方面的限制,对于广州保卫战参与官员的赏罚,并不是毫无瑕疵,至少有四位官员的赏罚有失公允,除了我们前文提到的被通判诬陷的黄固之外,还有三位在这里稍加说明。

第一位是金部员外郎、广南东路转运使王罕。侬智高围攻广州时,王罕正在作为监司巡查广南东路的州县,听到贼人攻打广州的消息后立即回防,在广州防御战中身先士卒,立下汗马功劳。但因为广州被围困,他的奏章没有办法及时传递到中央,所以在广州解围后被贬为主客员外郎、监信州酒税。从阶官上看,金部员外郎是中行员外郎,主客员外郎是后行员外郎,两者官品一样,总体差别不算很大,但这仅仅是王罕拿俸禄的依据,他被贬最重要的是差遣的变化,而差遣对于当时宋朝官员而言是最看重的。《宋史·职官志》当中就记载:"不以官之迟速为荣滞,以差遣要剧为贵途。"广南东路转运使属于路一级的主要官员,负责整个广南东路的财政事务,监信州酒税属于宋朝相当边缘的监当官,做个形象但不一定准确的类比,就像现在从广东省财政厅厅长贬到江西省上饶市财政局税政科,差遣的重要程度有天壤之别。

第二位是海上巡检、右侍禁王世宁(?—1052)。当侬智高顺流而下准备攻击广州城时,知州仲简命令广南东路钤辖王锴率军坚守端州,王锴对侬智高军队相当恐惧,在广州城附近拖拖拉拉不敢前往,端州被攻陷之后不顾仲简命令自己率军返回广州城。海上巡检、右侍禁王世宁不满王锴的懦弱行为,极力劝谏甚至言辞激烈,王锴以王世宁违抗军令为借口竟然将他斩首,就这样,一位正义感十足、胆识过人的官员被枉杀。朝廷最后也曾经追责,《续资治通鉴长编》中记载:"广南东路钤辖、文思使王锴,为文思副使、建州都监。"王锴的武阶官由正七品的"文思使"降到从七品的"文思副使",差遣从"广南东路钤辖"降到"建州都监",相比于他处死一位宋朝优秀官员的罪行,这样的处罚实在是微不足道。

第三位是广南东路提点刑狱鲍轲。鲍轲就是我们前面提到,知英州苏缄曾经把官印交由保管的那位,但实际行动表明他实在不是一个能托付重任的人。鲍轲知道了侬智高攻打广州城的消息之后就相当害怕,知英州苏缄率兵救援前脚刚离开,他后脚就携带全家从英州向北逃窜,行至南雄州(今广东省韶关市南雄市)被知州萧勃(?—1052后)晓以利害劝留在南雄州。鲍轲于是以南雄州为根据地打探前线,进而向朝廷汇报,竟然被作为尽心为国的典型给予升迁。

帝制社会信息渠道的研究,是近二十年中国古代史学术界的热点问题。全方位、多渠道搜寻到的信息是历朝历代决策的依据,在国家政治事务中更是如此。对于信息的搜集、处理、掌控、传布,京城的统治者从来不曾掉以轻心。然而具体到下情上达方面,政治斗争中控制言路,封锁消息;地方发生灾伤时"递相蒙蔽,不以上闻";日常事务中大事化小,敷衍应对……利益驱动使得官员们瞒报、虚报的动力也从来不曾缺乏。具体到侬智高军队在两广地区活动时同样也不例外,宋仁宗的信息来源于何处,地方官员禀报是否全面准确,是否据实禀报没有遮遮掩掩,其实在一定程度上都能够左右朝廷的进一步决策。从上述几个官员赏罚不当的过程中,我们似乎也能够体会到信息畅通和透明,不仅仅对于个人的荣誉至关重要,而且对于整个社会的公平和公正,也有很大价值。

第五章

◎

宋朝平叛，狄青请命

一、侬智高肆虐两广

侬智高以广州为中心，占领两广的计划被粉碎之后，何去何从是他们需要直面的问题。任何一个政权的建立，最初都需要有一个稳固的根据地，并以根据地为中心逐渐扩大统治区域，这样简单的道理侬智高和智囊团队黄师宓等自然也早已心知肚明。现在唯一能够当作备用根据地的，是他们起事当天攻陷而又随即放弃占领的邕州。然而，回去的路途和沿江而下的畅快淋漓相比，无疑难度大了很多。侬智高军队沿江顺流到达广州城下，属于兵贵神速的出其不意，在围攻近60天未遂的情况下，所有宋朝官员都知道侬智高要撤军，于是在他们有可能回去的道路上设置了重重障碍。以知英州苏缄为例，他在沿江返回邕州的官道和水路布置了巨大石块、参差不齐的树枝暗桩，障碍物整整有50里，称得上是给侬智高的一份"大礼包"。侬智高军队完全无法按照既定路线返回，不得已只能掉头北上，从沙头（今在广东省佛山市南海区九江镇）渡江后由清远县（今广东省清远市）途经贺州（今广西壮族自治区贺州市）、昭州（今广西壮族自治区桂林市平乐县）、象州（今广西壮族自治区来宾市）、宾州（今广西壮族自治区南宁市宾阳县），最后重新到达邕州。

试想一下，若宋朝军队有协同作战的能力且有一定战斗力的话，在这样显而易见的侬智高军队返回路线上围追堵截，削弱乃至消灭这股叛乱势力当有稍微大一些的把握。然而呈现出来的结果却是——理想很丰满，现实很骨感。侬智高军队在返回途中竟然还能屡屡挫败宋朝的军队。侬智高撤退路上第一个重要州级行政区划是贺州，七月二十日侬智高进攻贺州没有成功之际，遭遇到狄青前部将、新上任的广南东路都监张忠率领的万余宋军，双方激战之后，主帅广南东路都监张忠，以及虔州巡检董玉（？—1052）、康州巡检王懿（？—1052）、连州巡检张宿（？—1052）、贺州巡检赵允明（？—1052）、监押张全（？—1052）、司理参军邓冕（？—1052）等悉数战死。

次日，侬智高军队和广南东路钤辖蒋偕带领的军队混战。司马光听说蒋偕这次被侬智高枭首而去，他在《涑水记闻》中记载称："蒋偕将千余人昼夜兼行，追侬智高至黄富场，蛮人诇知官军饥疲，夜以酒设寨饮之，即帐中斩偕首，因纵击其众，大破之，枭偕及偏裨首于战场而去。"在士大夫口中，倍道兼程追赶敌人的蒋偕，竟然夜晚在营寨当中由于饮酒没有严肃防备，导致被侬智高偷袭而身死兵败，真的是相当愚蠢的行径。不过真实情况是，虽然蒋偕在黄富场这里确实遭到侬智高军队袭击，军队也被重创，但他作为主帅并没有战死，而是兵败逃走，手下将领南恩州巡检杨遂（？—1052）、南安军巡检邵余庆（？—1052）、权宜融州巡检冯岳（？—1052）和广南西路捉贼王兴（？—1052）、苪用和（？—1052）等力战身死。

所以李焘在《续资治通鉴长编》中强调："《仁宗实录》当中记载了蒋偕在路田战死，《仁宗本纪》当中也是这么记载的。但阅读《蒋偕传》和《侬智高传》，两种文献都说蒋偕战死的地点在太平场。所以《仁宗实录》《仁宗本纪》当中的记载应该有错误，现在在这里全部予以纠正。《仁宗实录》《仁宗本纪》都说蒋偕战死的时间是皇祐四年七月甲子，甲子日是二十日。但是根据魏瓘皇祐四年九月向宋仁宗所上奏议，里面清晰记载蒋偕的死亡时间是今月六日。今月六日也就是指九月戊申，这件事情《仁宗实录》当中也是清清楚楚的。"经过李焘分析，宋代官方的《实录》和《国史》当中记载蒋偕的死亡时间应该是不准确的，这或许是战场信息传递不及时的原因造成的。

实际上，王珪《华阳集》当中保存了这次蒋偕兵败之后朝廷给予的处分证明，现在题为《宫苑使韶州团练使蒋偕可降授北作坊使制》的制书："敕某：向獠蛮狂悖，震惊二广，剽掠郡县，残害士民。朕博求材，武往殄厥寇。以尔久御边陲，必知方略。进以使名之宠，加之团结之命。自汝攸往，经涉时月。朕昼夜忧劳，迟汝成效。而乃独肆狂妄，恣为轻率，奏陈无寔，动作失理。知护军总帅，有所请论，而移书台省，阴为自解。汝有曲直，朕当处之，求助于人，其意安在！褫其新命，复于旧官。尔其省思，体此宽典。可。"北作坊使、忠州刺史、知坊州蒋偕是在皇祐四年（1052）六月底被任命为宫苑使、韶州团练使、广南东路钤辖的，这次撤销了新的任命，恢复旧的阶官，实际上只是象征性的惩罚。从王珪所写的制书当中也可以看出来，蒋偕战败之后没有第一时间向皇帝汇报，而是以小道消息传给京师，让有关人员替他向皇帝求情，宋仁宗得知此事是郁闷加气愤。蒋偕收到了惩戒任命之后也很惶恐，一边是气势汹汹的侬智高军队，一边是朝廷警示性的惩戒，搞得他进不能退不行，左右为难。

九月六日，侬智高军队在贺州太平场再次遭遇蒋偕，这一次，蒋偕只能硬着头皮奋力一战，激战之后宋军全军覆没，主帅蒋偕和将领庄宅副使何宗古（？—1052）、右侍禁张达（？—1052）、三班奉职唐岘（？—1052）等战死。宋仁宗得到了蒋偕战死的消息，很快为他赠官。王珪《华阳集》中有一则为蒋偕的赠官制书，现在题名为《故广南东路钤辖蒋偕可赠武信军观察留后制》，全文这样写道："敕：自古英伟之士，死而寂寥者众矣，惟忠义之节，虽没而不朽，况离金革之祸哉。具官某，劲特之气，毅然许国，蛮方不惠，俾尔南戮。受命之日，昼夜兼行，盛夏瘴热，冒履山险。转斗之际，遭罹非命，朕之不能，绥格远夷。使尔捐驱，万里之外，终夜哀悼，予心曷已。其以两使之禭，宠于幽岁，英魂如生，钦此追饎。可。"与上一则制书严厉斥责相比，这一则制书称得上极尽赞美之辞，只是不知道，宋仁宗在听到蒋偕的死讯时，有没有过一瞬间的心生悔意呢？

这几次遭遇战充分暴露了宋军将领协调能力和指挥能力的不足。张忠率领的万余名禁军，原本是由苏缄和洪州都监蔡保恭（？—1052后）率领，他们一直在骚扰和围堵侬智高部队，目的是消耗侬智高军队的有生力量，把肥的拖瘦、瘦的拖死，并没有展开大规模正面会战的计划。然而，这样的计划被京师开封刚任命的广南东路都监张忠嘲讽，张忠刚到广南东路就夺取了军事指挥权，他对这批新认识的部下训诫道："我十年前还是一名普通的士兵，就是因为在战场上立功得到团练使的职务，期待你们也像我一样奋勇杀敌。"他在对阵侬智高军队时一马当先，却因为马陷入泥潭而被标枪击中身亡。若张忠能够和苏缄协调配合，立足全局基础上的全盘把握而不是只会冲锋陷阵，或不至于败得如此彻底。广南东路钤辖蒋偕也是自视甚高，眼高于顶，他在六月份救援广州时，入城第一件事就是历数广州知州仲简的渎职行为，并要对仲简处以极刑。仲简说道："哪里有团练使对侍从官用刑的道理？这是我大宋律法不认可的。"蒋偕大声呵斥："问我手中宝剑，问什么律法官职。"类似举止轻慢放肆、过度内耗的事情屡屡发生在蒋偕身上，这样的性格导致他最终被侬智高击溃。

在战争持续且宋方胜少败多之时，宋朝中央对侬智高事件中的相关人事做了进一步调整。至少有四个方面的内容：第一，陆续惩处了一批失职、渎职的官员。皇祐四年（1052）八月，贬广南西路转运使、主客郎中刘文炳（？—1052后）为均州团练使，不签署州事；降前广南西路转运使、司封员外郎萧固知吉州；降提点广南西路刑狱、职方员外郎李上交（？—1052后）为太常博士。第二，抚恤了在和侬智高战争中牺牲的官员家属。赠广南东路都监张忠为感德节度使，知封州曹觐为太常少卿，知康州赵师且为光禄少卿,并对他们的父母、兄弟和子女皆赐官及封号,以体现朝廷体恤之情。第三,发布诛杀侬智高的"红色通缉令"。宋仁宗亲自签署诏书:"广南东西路所有官员、民众们,现在朝廷正式发布通缉令,如果哪一位能生擒活捉侬智高,朝廷将授予他正任刺史的武阶官,赏赐钱三千贯、绢两千匹。若生擒活捉侬智高母亲阿侬,授予诸司副使的武阶官,赏赐钱三千贯、绢两千匹。若生擒活捉侬智高的主要谋士黄师宓、黄玮等,授予东头供奉官的武阶官,赏钱一千贯。"宋仁宗期望在官爵和金钱的刺激下,有人能够捕杀反叛者。第四,进一步调整官员任命,这对于战况紧急的广南东西路无疑是最为重要的。在前一阶段任命余靖和杨畋的时候,朝廷同时允许两人便宜从事,实际上两个人同时为主帅,不分彼此。随着事态的发展,谏官贾黯提示说,现在朝廷任命了两位主帅,若他们两个命令不一致,让下面的将领如何服从?还有,现在侬智高这伙盗贼在广南东西路横冲直撞,现在不如让余靖节制广南东、西路盗贼,这样以他为首可以统一管理,以便指挥将领和军队可以如臂使指。

所以到了七月初三日时候,朝廷命知桂州余靖为经制广南盗贼事,全面负责和协调处理侬智高问题,余靖成为讨伐侬智高军队的总指挥。八月十九日,改命知秦州孙沔为荆湖南路、江南西路安抚使,宦官内园使、陵州团练使、入内押班石全斌为副手,不久之后两人同时又加广南东、西路安抚使,用以替换在前线指挥不力,没有任何成效的杨畋和曹修。九月十三日,降杨畋知鄂州,曹修为荆南都监。到此时为止,平定侬智高叛乱的重任落到了孙沔和余靖身上。

孙沔字子规，越州会稽（今浙江绍兴）人。他天禧三年（1019）进士及第，为人豪放不循规蹈矩，材猛过人，在宋夏战争期间曾为环庆路都部署、知庆州，颇有威名。皇祐四年（1052）五月前后，时年56岁的孙沔由徐州（今江苏省徐州市）知州改差遣秦州知州，他七月初到京师开封述职之后向宋仁宗辞行时，宋仁宗以秦州的事情勉励他。孙沔说道："臣虽然现在年老体弱，但秦州尚能应付，不会给陛下添更多麻烦。陛下现在要集中精力应对岭南侬智高，以臣耳闻目见所及，现在形势对于我方相当不利。"没过几天，战败情报果然接踵而至。宋仁宗对宰执大臣说："孙沔对南方战事的看法果然准确，简直料事如神。"宰相庞籍于是便推荐孙沔去平定侬智高。

不过，孙沔出征之前的僚佐选任，出现了很多不和谐的声音。北宋文学家、"唐宋八大家"之一的曾巩（1019—1083）在《南丰杂识》中记载强调："孙沔大受请托，所与行者乃朱从道、郑纾、欧阳乾曜之徒，皆险薄无赖，欲有所避免，邀求沔引之自从，远近莫不嗟异。既至潭州，沔遂称疾观望，不敢进。"在曾巩笔下，孙沔受命讨伐侬智高的时候，就收到很多人走后门的请求，以至于一起南下的有朱从道（？—1052后）、郑纾（1001—1056）、欧阳乾曜（？—1052后）等险薄无赖之徒，他们走到长沙之后，孙沔就向宋仁宗上疏请假说自己因水土不服生病，无法再前行一步。

实际上根据《大宋平蛮三将题名》，可以勾勒出孙沔带领的更多僚属。《大宋平蛮三将题名》第二将为孙沔和石全斌两人，他们的下属分别有：

庄宅使、荆湖南路兵马钤辖刘几

文思副使张宪

六宅副使孙昂

供备库副使邓守恭、夏元崇

内殿承制、閤门祗候孙宗旦

管勾机宜、都官员外郎郑纾

勾当公事、殿中丞王纲

管勾粮草、效用侍其濬

根据相关记载可以知道的是，邓守恭（？—1056后）、夏元崇（？—1053后）、孙宗旦（？—1053后）和侍其濬四人为宦官；张宪（？—1052后）、孙昂（？—1052后）和王纲（？—1052后）三人事迹基本不可考。刘几（1008—1088）字伯寿，河南府洛阳（今河南省洛阳市）人，祖父刘温叟（909—971）、父亲刘烨（968—1029）都曾经官拜御史中丞。刘几是进士出身，但才兼文武，范仲淹非常欣赏他，宋夏战争期间被范仲淹举荐为邠州通判，在邠州的建树被范仲淹赞为"无穷之惠"。后朝廷下诏推荐有才能可以充任将帅之人，孙沔极力推荐刘几，刘几很快被任命为宁州知州，改邠州知州并兼本路兵马钤辖。郑纾（1001—1056）字武仲，湖北安陆（今湖北省孝感市安陆市）人，仁宗天圣八年（1030）进士及第，他为官地方的时候处理问题从容，毫不忙乱，深得长官信任。这条材料与曾巩的记载相比，跟随孙沔征讨侬智高的人物当中，朱从道、张宪、孙昂、王纲和欧阳乾曜等已经无从考察其生平事迹，更无从知晓他们的能力和人品，郑纾和刘几能力人品尚可。唯有有姓名的 11 个人中有 4 名宦官，比例稍微有些高，但似乎并不像曾巩说的那样不堪。

根据《大宋平蛮三将题名》的记载，第三将余靖下属分别有：

皇城使、广南西路兵马钤辖李定

供备库副使史青

内殿崇班武防

虎翼都虞候吕斌、张远

管勾粮草、大理寺丞章询

经制贼盗司、走马承受公事、入内内侍省西头供奉官李宗道

西头供奉官李达

管勾机宜、守将作监主簿余仲荀

勾当公事、权邕州节度推官黄汾

转运使、管勾随军粮草、都官员外郎孙抗

转运判官、都官员外郎宋咸

提点刑狱、同计制置粮草、司门员外郎朱寿隆

文思副使高惟和

以上诸位余靖部下将佐僚属可以大体分成三类：第一类是宦官，根据职官判断有武防（？—1052 后）、李宗道（？—1052 后）和李达（？—

1052后）三人，他们的主要工作是向宋仁宗汇报相关战争情况。第二类是幕僚和后勤保障官员。余仲荀（？—1073后）是余靖的儿子，说明这次是父子齐上阵；章询（？—1058后）是负责粮草的文臣，但他也有一定的军事方面的想法，有记载说他在嘉祐三年（1058）曾制造了"阵脚兵车"，得到皇帝的认可；朱寿隆（？—1058后）是朱台符（965—1006）之子，在仕宦期间敢于担当，能力突出；黄汾（？—1053后）、孙抗（？—1053后）、宋咸（？—1053后）等人传世文献记载不多，只言片语当中能够发现，他们在仕宦期间都属于有想法、有能力的官员。第三类是将领。李定（？—1053后）和狄青是老乡，都是汾州西河人，他的儿子李浩（？—1093后）字直夫，《宋史》有传记，父子二人都能征善战，这次也是一起出征；史青（？—1053后）、武防（？—1053后）、吕斌（？—1053后）、张远（？—1053后）等人，传世文献记载较少，难以考察；高惟和（？—1053后）曾经参加过宋朝对夏战争，他亲历过庆历二年（1042）的定川寨之战，在战争中力战无望的前提下突围而出，属于宋朝较为难得的将领。

即便有孙沔、余靖和这样一批得力的文武僚属，平叛事宜仍是难以奏效。余靖虽持续努力，但成效甚微，孙沔滞留湖南，以生病为借口拒绝前行，宋仁宗甚至专门委派御医周应（？—1052）和宦官一起前去为孙沔诊治。孙沔后来又借口说道："停留在湖南，主要原因是朝廷已经任命枢密副使狄青为宣抚使前来主持平叛事宜，我在长沙停留一个月，主要是在这里等待狄宣抚，并且认真思考取胜的策略，没有一天的懈怠。"所以在此期间，坏消息仍然是一个接着一个传到宋仁宗的耳中。九月十七日宋仁宗得到消息，侬智高军队已经攻破昭州，昭州知州柳应辰（？—1074后）弃城逃跑，洛苑使、广南西路钤辖王正伦带兵抵抗，与东头供奉官、阁门祗候王从政（？—1052），三班奉职徐守一（？—1052）全部为国捐躯。十月初五日，侬智高军队攻占宾州，宾州知州、国子博士程东美（？—1052后）弃城逃跑。十月十二日，侬智高军队重新占领邕州，邕州知州、礼宾使宋克隆弃城逃跑。正在这个时间，有传言说侬智高想得到邕州、桂州等广南东西路七州节度使，若满足他的要求就归顺朝廷，宋仁宗问宰执大臣是否可行，枢密副使梁适（1000—1070）称："前些年侬智高数次要求归附都被我们拒绝，现在他在广南东西路烧杀抢掠屡屡得逞，现在招抚的话，两广地区一定会变成他的割据王国，实在是下下策。"既然招抚之策不能使用，怎么样处理侬智高的问题，朝廷请宰执大臣每人上表把自己认为可行的对策进呈皇帝。

在宰执大臣给皇帝的意见中，宰相庞籍推荐新任枢密副使狄青为平叛的不二人选，而狄青恰恰也上表自荐，主动要求南下平定侬智高。皇祐四年（1052）九月二十五日，狄青上朝时奏对："臣从一个最基层的士兵开始一步步到现在，一直为国家和平安定而作战。这次侬贼在我大宋南疆烧杀抢掠胡作非为，实在可恶！狄青愿意南下平贼，为国分忧。"宋仁宗听了相当激动，下诏任狄青为"宣徽南院使、荆湖北路宣抚使、提举广南东西路经制贼盗事"，并许以便宜从事的权力，全权负责讨伐平定侬智高事宜。从后续发生的事情来看，这可以看作宋朝平定侬智高的最后一个阶段，这一阶段的总指挥是狄青。

二、狄青准备南征

狄青主动请缨南征侬智高并非一时心血来潮，而是经过深思熟虑的结果。他在出发之前做了充分的准备。

一方面，狄青考虑到宋军在和侬智高军队正面交战中，每战必败，主要原因在于侬智高军队多为土著居民，对广南东西路的地理环境相当熟悉，他们军队行军如履平地，这是其优势所在。反观宋朝军队，禁军虽然号称百万，但是能征善战的军队总量不多，根据他自己的任职经历，河北地区虽然屯驻重兵，但由于宋真宗"澶渊之盟"之后就没有大规模战斗，到现在已经半个世纪，这半个世纪的和平带来的是河北禁军实战经验近乎为零，整体战斗力不强，南方禁军驻屯少之又少，战斗力也不能高估。整个大宋朝疆域范围内，只有西北地区的兵士们刚刚经历过战争的洗礼，实战经验丰富，作战能力突出，而西北战场上最有战斗力的军队，是少数民族部落成员组成的禁军中的蕃落骑兵部队。有鉴于此，狄青向宋仁宗请求，调动西北战场上的少数民族骑兵部队充实他的队伍，宋仁宗很快加以落实。十月初，宋廷下诏鄜延路、环庆路和泾原路经略司，要求他们在蕃落和广锐两个番号的禁军中挑选有过战斗经历的士兵，每一路组织 5000 名并委派一名将领带领士兵赶赴广南地区。

广锐军隶属于侍卫亲军马军司，这支部队成立于宋太宗至道三年（997），在宋朝和契丹、西夏交战期间立下赫赫战功。广锐军原来编制是 31 指挥 15000 人，宋仁宗康定年间（1040）增加到满额 42 指挥计有 21000 人。

蕃落军也隶属于侍卫亲军马军司，最初是陕西沿边地区厢兵有马者的合称，宋真宗天禧年间（1017—1021）升为禁军，属于少数民族军人组成的部队，蕃落军全部驻防在距离边境最近的城砦，实战经验最丰富，是名副其实的边防军。宋仁宗庆历年间（1041—1048）总计有83指挥41000人。从这两支骑兵队伍当中选择兵士组成狄青的主力部队，无疑成为他的坚强后盾。

当时很多朝中大臣认为，在南方高低崎岖的地理环境中使用骑兵，实属无稽之谈。但枢密使高若讷（997—1055）一语道破狄青的真实想法，那就是西北地区的少数民族士兵在艰苦的环境中忍耐力和意志力更强，而且对于高低不平的地势也相对熟悉，这些优势是宋朝一般禁军所不具备的。在狄青和曾公亮的对话中，也能发现狄青对使用骑兵对抗侬智高军队的深思熟虑。曾公亮询问狄青："侬智高等蛮人使用标枪盾牌，攻防俱佳难以抵挡，您若和他们交战如何取胜？"狄青从容回答："这个并不困难，标枪和盾牌都是步兵使用的武器，他们在和步兵接战时能够发挥出来最大效果，遇到速度快的骑兵部队完全无法施展，一定必败无疑。"

另一方面，狄青亲自挑选，带领了一批真正能征善战的将领前去平叛。狄青在偏将选择方面相当慎重。其实当时也有不少人向狄青请托，他就对来走后门的人说："你们想跟随狄青一起征讨侬智高，实在是求之不得的事儿，狄青荣幸之至。有些话我们说在明处，侬智高原本是一个小贼罢了，但需要我大宋枢密副使亲自上阵讨伐说明事情紧急到一定程度了。您跟我一起平定侬贼有功，狄青一定向朝廷汇报加以重赏；如果畏畏缩缩贪生怕死，军中严刑峻法你们也是知道的，届时狄青也会秉公办事不徇私情。"想借这次南征浑水摸鱼捞点油水的人听了之后，全都大惊失色，再也没有滥竽充数的人请求跟随狄青出征了，所以狄青所带的都是经过他精挑细选的可用之人。《大宋平蛮三将题名》当中记载了狄青所率领将领们的姓名：

左卫将军、荆湖北路兵马钤辖王遂

西京左藏库副使孙节

如京副使贾逵

西京左藏库副使竹噐

文思副使时明

管勾机宜、太子赞善大夫冯炳

权石州军事推官武纬

管勾粮草、殿中丞霍建中

走马承受公事、入内内省西头供奉官张若水、李若讷

除了这些人之外，可能还有一些将领因为职务稍低而没有纳入这个题名之中，综合史籍上的零星记载，我们可以知道至少有张玉、杨遂（？—1080）、卢政（1007—1081）、和斌（1011—1090）、杨文广（？—1074）、王用（？—1053后）、何贵（？—1053后）、李守愿（？—1053后）等重要将领跟随狄青南征。以上诸位狄青将佐僚属也可以大体分成三类：第一类是宦官，主要负责对皇帝汇报战争情况，所以有"走马承受公事"这样的职务，这里有张若水（？—1076）和李若讷（？—1053后）两位，不过

这两位的职位不高，并不是作为狄青副职来限制其行使权力的。第二类是幕僚和后勤保障，这里有冯炳（？—1053后）、武纬（？—1053后）和霍建中（？—1053后），冯炳和霍建中在征讨侬智高之后分别撰写了《皇祐平蛮记》2卷和《侬贼入广州事》1卷，余靖还曾经把冯炳的2卷书呈送到宋仁宗手中，以期让皇帝清晰了解平定侬智高事件的本末。第三类是将领，这里大概有王遂（？—1053后）、孙节、贾逵、张玉、杨遂、卢政、和斌、杨文广、李定、李浩、竹舄、时明、王用、何贵、李守息等。现把这些将领的生平事迹稍加细化，以加深我们对狄青选择从征将领的理解。

传世文献有关左卫将军、荆湖北路兵马钤辖王遂的事迹极少，现在仅看到一条在李焘《续资治通鉴长编》当中的记载，皇祐五年（1053）六月三十日，"荆南钤辖、皇城使、资州刺史王遂上所制临阵拐枪"，但李焘已经不知道王遂是哪里人、家世如何等，所以只能在后面加上一句"未详何许人"。虽然我们现在已经不知道王遂生卒年、家世、仕宦等信息，但从他给宋仁宗进呈所做的"临阵拐枪"来看，他应该不仅仅是一名实战经验丰富的将军，还是一名善于思考、总结和应对的优秀将领。

孙节是开封（今河南省开封市）人，年轻时就参军，以武艺高强授官右侍禁，他在宋夏战争时期和狄青同在延州，已经是狄青的重要帮手。宋夏战争期间，孙节数次攻破敌砦有功，累迁西京左藏库副使。

贾逵是真定藁城（今河北省石家庄市藁城区）人，《宋史》也有专门的传记。贾逵出生于宋真宗大中祥符三年（1010）一个普通农民家庭，他年少的时候父亲去世，母亲随即改嫁，青少年时代生活颇多坎坷。他和狄青一样都投军殿前司的拱圣营,因为他仅小狄青2岁,所以他们两人或是在京师开封拱圣营服役期间就已经认识且熟悉了。他善骑射、有计谋,北宋中后期知名官员刘挚称赞他"年少时候胆略过人,一直在军中服役且能指挥得当、身先士卒,所以立下不少大功"。他什么时候开始跟随狄青已经无从得知,但狄青很看重他的能力。

张玉字宝臣,泾州保定(今河北省保定市)人,《宋史》专门为他立了传记。他的出生时间不详,和狄青类似出身于最基层士卒,以殿前司的六班殿直隶属狄青管辖。庆历二年(1042)四月,狄青奉延州知州庞籍的命令修筑清涧城和招安寨,突然遭遇西夏数万大军的袭击,带领军队的西夏将领狂傲地在阵前叫骂,张玉单枪匹马持铁简应战,数个回合之后将狂傲的西夏将领斩落马下,军中遂有"张铁简"之号。鄜延路把这个消息汇报给朝廷,宋仁宗称赞张玉为"真勇将",并任命他为鄜延路巡检。张玉在以后的十余年中一直追随着狄青,是狄青相当倚重的猛将。

杨遂和孙节同乡,也是开封人,《东都事略》上有传记。他年轻时善于骑射,应募参军。现存史籍没有他参与宋夏战争的记录,但有他在庆历八年(1048)作为普通军校跟随文彦博平定贝州(今河北省邢台市清河县)王则兵变时的英勇事迹,当时他出谋划策挖地道进入贝州,属于一战成名,授神卫指挥使,另或可猜测他年龄应该比贾逵、孙节都小。

卢政是太原文水(今山西省吕梁市文水县)人,《宋史》有专门的传记。他为人有计谋而武艺高强,在宋夏战争时也一直在前线出生入死,而且,卢政还是康定元年(1040)三川口一役的亲历者,他当时在军中是神卫都头，在无力挽救主帅的情况下突围而出，宋仁宗特赦授予他德州兵马监押。朝廷镇压贝州王则兵变时他也参与其中，率领军士英勇作战有功，迁内殿承制。

和斌字胜之，是濮州鄄城（今山东省菏泽市鄄城县）人，《宋史》也有传记。他在禁军中训练刻苦，逐渐被提拔为德顺军指挥使，也经历了宋夏战争的洗礼。而且，和斌和卢政类似，也亲历过大规模的战役，他参与了庆历二年（1042）的定川寨之战，也是在西夏军队重重包围中杀出一条血路。

杨文广字仲容，他是将门出身，宋初赫赫有名的"无敌"杨业之孙，杨延昭第三子，《宋史》中也有传记。他没有参与到宋夏战争，但庆历三年（1043）以班行身份讨伐在邓州（今河南省南阳市邓州市）发动兵变的张海，张海等被平定之后授殿直。庆历四年（1044）范仲淹宣抚陕西时见到了杨文广，交流之后觉得他是一位很有想法的将领，就调到自己麾下任职西北地区。杨文广在西北地区修筑的防御工事得到了范仲淹和韩琦的一致认可，也被一直关注西北的狄青所注意。

竹禺、时明、王用、何贵和李守息等五位将领，传世文献所记载他们的材料实在太少，完全无法弄清其生平，但是狄青在南征之际，特意向皇帝请示带他们一起出征，这在宋代官方档案《宋会要》中有明确记载："泾原路都监竹禺被任命为荆湖南北路驻泊都监，安肃军驻泊都监时明转移到荆湖南路的邵州驻泊，权霸州驻泊都监王用、定州军城寨监押何贵、定州都总司指使李守息三人全都被任命为押队指使，这些人的任命，都是狄青向皇帝建议并得到允许的。"竹昺当时为泾原路都监，时明为安肃军驻泊都监，王用为权霸州驻泊都监，何贵为定州军城寨监押，李守息为定州都总司指使，任职分别在泾原路和真定路，是狄青长期任职和负责的区域，他们应该都是在狄青手下经过反复考验和锤炼的优秀将领。

清朝人汪森（1653—1726）曾编撰了一部《粤西文载》，收录了狄青南征前向宋仁宗上的奏疏，《全宋文》辑录过程中也收录其中。有研究者利用这篇奏议，来证明狄青曾制定了一份军事史上少见的医疗后勤方案，这份防瘴策略基本有效，成功支持了后来的军事行动。奏议第一部分这样写道："广南东西路等岭南广大地区，瘴疠严重，北方军人驻守者来到之后往往九死一生。少数民族变乱时发兵过多后勤保障跟不上，发兵少的话战场上难以取胜。最近听闻北方军士超过万人在两广地区驻屯，下湿上蒸，病死必多。臣以为少数民族部落主要是骚扰为主，稍微恐吓一下就作鸟兽散。所以不如选择一两个能力突出的将军，留下五千名北方军士分别驻屯在道路要塞，选择十几个善于治理民众的官员作为知州。同时，招募当地土著居民组成乡军，与北方禁军协同作战，冬春两季进攻为主，深入征讨他们的根据地，夏秋两季防御为主，谨慎防守防止他们掳掠。他们不来则已，来则重创。重创之际再施以恩信加以招降，效果自然就出来了。臣敢保证，若按照这个计划实施，多则五年，少的话一年，南方一定平定无事。"这一部分内容，狄青主要建议朝廷派遣少量军队到岭南，与当地土著的乡兵混合编组，不与侬智高军队正面作战，而是采取骚扰和防御的战略，消耗他们的战略储备，最终让他们自己屈服。

奏议的第二部分这样说："治理南蛮的方法和治理北狄完全不同，有人强调说征讨南蛮没有全胜的计策，为什么呢？大概是因为其地炎热潮湿，瘴疠严重，中原地区的士卒到了之后水土不服，没有等到战争打起来，就在疾病当中丧生。即便有雄兵百万，也阻挡不住疾病的折磨。臣以为瘴疠之灾，主要中招的是身体不甚强壮以及不善调理的人群。所以请当地知州多方打探，看看那些从中原地区到当地的长寿之人饮食起居是如何调理的，以及他们的起居作息如何安排，把这些详细地记录刻板印刷发给军队，每一营当中选择一个专门管理这件事的小官，如有不遵照上面条例的严惩不贷。若需要什么样的药饵器具，也让有关部门保质保量地供应。"这一部分主要在说明，宋廷之所以不能消灭岭南地区少数民族叛乱，最大的因素在于岭南地区瘴疠严重，所以建议朝廷寻访迁移到当地的长寿老人的养生之法，作为军队作息管理的准则。

这看似合理的奏议实际上与狄青率领大军征讨侬智高自相矛盾，经过学者研究，这篇奏议绝非狄青所写进呈给宋仁宗的。奏议的第一段，是被人称为"红杏尚书"的北宋中期名臣宋祁（998—1061）所写，现题名《蛮夷利害议》收录在他的文集《景文集》当中，《宋朝诸臣奏议》和《历代名臣奏议》当中也都有收录这篇文章。奏议的第二段，是明朝人丘濬（1421—1495）阅读了宋祁文章之后自己所加的按语，现在收录在他的《大学衍义补》当中，文本内容基本上可以一一对应，所以这篇文字和狄青毫无关系。以这篇奏议为基础，认为狄青制定了所谓的军事史上少见的医疗后勤方案，是毫无事实根据的。

行文至此，我们需要申明的一点是，狄青的确是一位武艺高超、敢于拼杀的战将，也是一位善于思考、指挥得当的将军。但研究任何一个历史人物时，都不必过分美化甚至刻意神化，古今中外皆是如此。狄青这次出征也是如此，通过他对军队战斗力的了解和对参谋、将领的熟悉，他所带领的军队在战争中大获全胜，也是大家齐心协力的功劳。

即便是南方失利消息接踵而至，即便宋仁宗因为侬智高叛乱的事情食不甘味，即便是狄青一心为国平叛，仍然无法完全消弭文官中的质疑声音。

在狄青任命刚刚公布时，身为谏官的韩绛就向皇帝上奏，强调狄青的身份是武将，不能不加限制地委任他作为处理侬智高叛乱的总指挥，请以文臣侍从以上官员为副使加以牵制。直集贤院、判尚书考功司刘敞也表达了类似的意思，认为以文臣为副使是确保万无一失的万全之策，并非刻意掣肘的措施。皇帝听到韩绛和刘敞的话，就咨询宰相庞籍，庞籍说："前段时间侬贼在南方攻城略地如履平地，我大宋军队屡战屡败，有一个重要原因是带兵将领权力偏小，各方势力相互牵制，无法形成一个有机统一的战斗集团，所以和侬智高军队交战时被处处压制。现在我们起用狄青为主帅就要毫无保留地信任他，如果用侍从大臣作为副手，他肯定会内心深处看不起狄青从而无视他，那么狄青所下号令执行起来估计会困难重重。若狄青的号令不能很好地执行，就是自取败亡的道路，那么我们起用他的意义又是什么呢？再者说，狄青的能力陛下您是清楚的，他武艺高强、指挥能力突出，这是您提拔他作为二府大臣的最重要原因，现在若我大宋委派的二府大臣率领军队也不能平定侬智高叛乱，到时候不但岭南地区被占领，而且荆湖南北路、江南西路和福建路等地区也岌岌可危呀。侬智高这次叛乱，我们还揣摩不到他的终极目的，所以要尽快剿灭。狄青在鄜延路任职时是臣的部下，臣对他相当了解，如果让他全权处理侬智高叛乱事宜，剿灭侬贼势在必得。请陛下考虑！"宋仁宗听了庞籍的话如吃了定心丸一般，下诏要求平定侬智高的所有军事行动都要向狄青汇报，若处理民政事宜则和孙沔、余靖等共同商量。

皇祐四年（1052）十月初八日，宋仁宗在垂拱殿安排酒席为狄青饯行。宋仁宗嘱咐狄青为国尽忠之际注意自身安危，谆谆教诲，狄青则重申誓平南方，不辜负皇帝的信任，君臣之间依依惜别。

三、狄青赶赴前线

从北宋首都开封到今广西壮族自治区南宁市宾阳县，也就是宋代的宾州共计4500里，中间要跋山涉水，再加上要应对冬季北方寒冷、南方潮湿阴冷的恶劣天气，总体而言行军难度不小，按照北宋时期军队行进速度每天走40里的话，狄青率领军队到达邕州要110天左右。事实上，狄青十月初八从开封出发，于次年正月初七到达宾州，用了90天时间，属于比较迅速的。当然，狄青也并没有因为军情紧急就倍道兼程，有材料显示，他基本上是每天走一驿，有30—40里，有时候稍微多一点，每当经过一个州的治所，就休息一天，不至于因为着急赶路而让士兵过分劳累。

在狄青尚未到达前线时，全面负责平定侬智高叛乱的仍然是孙沔和余靖，中央和地方一方面在关注他的行程，另一方面还要继续应对侬智高的军事行动,因面临情况不同表现出来的应对方式也多有区别。

对于宋朝中央政府来说,这一阶段的工作重心在于全权委托狄青平叛,所以反复和狄青沟通平叛方案,且让狄青顺利到达前线是最为重要的问题。狄青军队前脚刚动身,宋仁宗就惦记起他的出行安全。宋仁宗对庞籍说:"狄卿威名显赫,侬贼肯定害怕他亲自上前线,或许会派人暗中偷袭算计。庞卿一定告诫狄青,他平常的饮食起居,必须使用最亲信的人负责,切不可有一丝麻痹大意。"于是庞籍派人快马加鞭赶上狄青加以提醒。经过一晚上思考,次日宋仁宗再降手诏给狄青,对遭到侬智高军队洗劫的地方军民如何安置给予了指导意见。宋仁宗在手诏中强调:"对于遭受侬智高欺压的民众,若逃避在山林间,需要尽快安抚招募,让他们尽快返乡复业;若有些人被侬贼胁迫加入敌军而能乘机逃跑回来的,之前一切罪过不再追究;若在侬贼军队当中面部被刺字,可以让他把刺字抹去,并让官方开具证明信;若家人被杀而被别有用心之人当作侬贼士兵领赏,经过家人辨认给钱抚恤;若家中遭到洗劫,暂且免去其家差役和赋税。对于遭受侬智高破坏的州县,若城墙被毁坏或者本来就没有城墙,或者虽有城墙但并不完善的,全部加以修缮。对于禁军的装备,若兵器盔甲腐朽不可用的,请及时配发全新装备。"

十月二十日,枢密副使王尧臣向宋仁宗进言,为了防御需要分广南西路为三路。枢密副使王尧臣说道:"以融州、柳州、象州隶属宜州;白州、高州、窦州、雷州、化州、郁林州、仪州、藤州、梧州、龚州、琼州隶属容州;钦州、宾州、廉州、横州、浔州、贵州隶属邕州。在这新置的三路选择武臣为首州知州并兼安抚都监,若侬贼入寇,三路合力抵抗。在桂州知州的选任上,以文臣两制以上人充任并兼经略安抚使,用以统制三路,也算形成一种制约机制。在禁军配置方面,按照州的地理位置和重要程度差别对待,邕州屯兵4000人,宜州屯兵2000人,宾州屯兵1000人,贵州屯兵500人。在城墙修筑方面,需要达到高2丈、厚8尺的标准,令本路转运使和转运判官全权负责监督实施。州县官能够完成修筑城墙、官府、仓库等设施以及招抚流民得力,可以酌情升官加以激励。"宋仁宗看到了王尧臣的建议,立即通知狄青斟酌是否可以施行,在得到狄青认可之后才发布命令。十一月十四日,宋仁宗下诏狄青,若发现广南东西路有官吏及民众私下和侬智高交易的,无论数额大小一律问斩,并迁徙他们家人安置到内地。

近阶段侬智高重新以邕州为据点,并且打造船只扬言再图广州,不过与他之前攻城略地相比,现在的情况是宋朝进攻而侬智高防御,形势大不相同。而与宋朝中央政府以诏令安排诸事宜不同,身在抗击侬智高第一线的余靖、陈曙及孙沔等面临的情况截然不同,加上每个人在自己位置上有不同的考虑,所以他们的工作重心也各有差异。这一时期孙沔的做法,因资料相当有限无法深入考察,笔者个人猜测他当是以稳为主,等待狄青到来做统筹安排,暂且不展开论述,仅就余靖和陈曙两人的活动加以说明。

余靖经过自己的思考,从外部求援于交阯,内部瓦解少数民族部落归附两个途径来消解侬智高势力。在起用狄青之前,交阯已经向宋朝上书表示愿意发兵五万,协助宋朝平定侬智高。刚开始宋仁宗内心是拒绝的,余靖知道了这个情况之后就向宋仁宗建议说："侬智高主要是反叛交阯的，无辜波及我们大宋的两广地区，现在交阯要出兵征讨，我们没有任何理由阻拦呀。让交阯出兵，纵使他们不能取胜，也算是离间交、侬双方的绝佳方法。现在我们强硬阻止交阯出兵，会不会把他们推到我们的对立面？如果发生了这样的情况，实在是我大宋的大不幸呀！请陛下三思。"余靖在上报朝廷的同时，已经在邕州、钦州（今广西壮族自治区钦州市）附近准备了数万人的粮食补给，以便朝廷允许后赐给交阯作为军需。宋仁宗看了余靖的奏议之后发生了动摇，就同意了交阯李德政出兵的请求。在十二月十七日时，还下诏余靖可以再给李德政助兵费用钱两万贯，等到侬贼平定之后再赐钱三万贯。当狄青得知这一消息时，立即向宋仁宗上疏请求收回成命。

狄青强调指出："交阯李德政声称他们将派遣步兵五万、骑兵一千来帮助我们平定侬智高，实际上是为了得到更多的赏赐而并没有那么多兵马。即便是真的有这么多兵马，我们借助外人力量来平定内部叛乱，这是向外人示弱的表现，绝非我大宋之福。单凭一个小小的侬智高横行肆虐两广，我们自己的军队不能平叛而只能借助外人的力量。然像交阯这样的政权贪得无厌，若他们以此为借口在我们大宋疆域内胡作非为，我们要怎么处理呢？不如我们一开始就把他们出兵的路堵死，以免后续出现诸多变数。请陛下下诏余靖，不要让他和交阯私下接触。平定侬贼叛乱，臣一人足矣！"宋仁宗见到狄青的奏议，又立即派人追回之前下诏余靖给交阯助兵费用的诏书，并告诫余靖禁止他和交阯使者一切关于出兵事宜的讨论，完全听从了狄青的建议。

对于从内部瓦解侬智高势力，余靖也做了不懈的努力。他在桂州招募了一批谋士，其中孔目官杨元卿（？—1053后）和进士石鉴（？—1053后）的能力最为突出。杨元卿的计划被余靖认为是最好的方法，他建议道："现在有60多个少数民族部落酋长带着手下全部归附侬智高，这里面有一个酋长是我的莫逆之交，我愿意亲自去说服他。以此为突破口转而策反其他部落，这将会极大削弱侬智高的实力，到时候侬贼必将束手就擒。"余靖赞不绝口，很快委派杨元卿携带盐、茶、黄牛等物品前往招降，这次计划进行得相当顺利，不少少数民族部落开始逐渐疏离侬智高。

石鉴是邕州人，曾经参加科举考试屡次不中，本来对宋廷并没有什么好感，他之所以决定为余靖出谋划策，是因为他和侬智高有着不共戴天之仇。侬智高在第一次攻陷邕州时，石鉴的亲属全部被侬智高部队残忍杀害，家中财物被洗劫一空，石鉴也是九死一生逃奔桂州，所以他决定投奔余靖为家人报仇。在侬智高进攻广州受阻第二次占据邕州之后，石鉴给余靖上书说道："邕州有少数民族部落三十六洞，他们往年一直在接受大宋朝廷官爵恩赐，这些人一定不会真心归附侬智高。侬智高这股贼人的核心成员主要由两个部分组成，一些是广源州地区的少数民族部众，另外一些是在大宋犯罪而逃亡到边境地区的亡命徒，两者加起来数量不超过一万人，其他人都是被动加入侬智高队伍的。现在侬智高再次占领邕州，他肯定会以钱财富贵等引诱邕州少数民族部众，若此计划得逞的话，三十六洞之兵势力不容小觑，会成为我大宋的大麻烦。小人是邕州本地人，对于三十六洞比较熟悉，愿意去传递我大宋优待他们的诚意，让他们远离侬贼。"余靖遂任命石鉴为昭州军事推官前去招抚邕州诸洞酋长,也取得了很好的效果,其中最为关键的是离间了侬智高和黄守陵之间的关系。

黄守陵是邕州三十六洞中结洞酋长,他的实力在三十六洞中是最强的,控制的区域四面阻绝易守难攻,物产丰富良田遍地,所以侬智高相当重视和他建立密切关系。侬智高曾经写信招降黄守陵:"现在宋朝危机重重,前段时间我从邕州长驱直入到广州,一路所向披靡战无不胜,之所以现在重新回到邕州,主要想和大家一起合作创业,共享富贵。宋朝派来他们最能打的大将张忠、蒋偕之流,稍一接触就全体崩溃,实在不堪一击。最近听说他们派了个叫狄青的人作为总指挥,估计也是名不副实。我现在和兄长约定,若我战胜狄青,一定长驱直入拿下荆湖、江南和两广,到时候邕州就让兄长您当节度使。若我万一有失,希望能借助兄长您这块宝地休整,特磨洞的军队近段时间正在集结,届时和我们的兵士会合,定可无敌于天下。"黄守陵看到侬智高给他画的"大饼"非常高兴,给予侬智高兵力和物资等全力支持。所以招抚黄守陵的工作对于石鉴来说,是他工作的重中之重。

石鉴亲自前往结洞游说:"侬智高这次偷袭广南地区,趁大宋地方州县没有准备侥幸得手,近期他之所以逃回邕州,是被大宋军队攻打节节败退、黔驴技穷的表现,现在大宋更是委派狄枢密前来平定,剿灭侬贼指日可待。黄节度您世代受大宋恩惠,大宋皇帝特别赞赏您的忠诚和信义,最近有流言说您为侬贼提供战略物资,这可是灭亡全族的重罪,所以大宋皇帝特派我来劝慰,他绝不相信这样的流言蜚语。而且,侬智高这样的小人出尔反尔，他的父亲先后杀死自己的亲弟弟万涯州酋长侬存禄和妻弟武勒州酋长侬当道，这已经是尽人皆知的事实。侬智高父子都是贪得无厌之辈，为了自己的利益至亲尚且不顾，他向您所谓的保证又算得了什么呢？您一定要多加提防，切莫中了侬贼的奸计。"黄守陵一方面觉得石鉴说的有道理，一方面又明确了宋朝征讨侬智高的决心，所以开始疏远侬智高，甚至两者之间发生小规模冲突，大大削弱了侬智高的势力。

和余靖悉心经营不同，广南西路钤辖陈曙的表现则让人无语。从皇祐四年（1052）六月任职广南西路钤辖以来，陈曙的表现只能用平庸概括，他前期没有败绩的主要原因并不是能力强大，而是按兵不动甚至主动回避和侬智高军队接触。换句话说，就是从来不出手才能立于不败之地，陈曙就是严格贯彻这个方针的。然而，在狄青已经快要到达前线时，他为了抢功劳而带领八千军队主动进攻侬智高，导致宋朝军队大败，损失惨重。等到狄青到达前线取得指挥权的时候，刚好给狄青整饬军队建立权威找到了一个极好的突破口。

第六章

狄青南征，一战封神

一、斩陈曙，立威宾州城

庞籍在给宋仁宗进言时曾强调，狄青剿灭侬智高需要让他的命令能够在全军当中及时贯彻落实，最为重要的是要他在军中建立起不容置疑的绝对权威。狄青在行军过程中，陶弼（1015—1078）也给过他这样的建议。陶弼字商翁，永州零陵县（今湖南省永州市零陵区）人，因为军功被授官，曾经长期在广南东西路为官。王铚在《默记》当中记载道：当狄青走到洪州（今江西省南昌市）时，听说了陶弼正在这里丁忧的消息，由于他长期在广南东西路为官，所以狄青微服前往陶弼住处，前去请教平定侬智高的策略。陶弼看狄青非常诚恳，就说道："广南东西两路的官员大都贪墨不法，他们总想着趁少数民族叛乱之际发一些战争财，对朝廷安危漠不关心。今天侬智高叛乱，都是这些不法官僚诱导所引起的，否则侬智高怎么敢倾巢出动进攻广州呢？你现在到广南东西路平定叛乱，首先要做的是牢牢掌握兵权，诛杀不听命令的官吏，若能如此，侬智高这伙贼人不足为虑。"

然而，虽然狄青是枢密副使，但平叛军中有资历比自己高的孙沔，更有一些长期看不起武将的文官，如何建立权威能够贯彻执行自己的命令，这也是狄青所面临的难题。其实，在十月初八宋仁宗在垂拱殿为狄青摆下酒宴送行时，狄青已经有过类似表示，当时他挑选的将领全都在场，酒过三巡之后，狄青端着酒杯说道："诸位将军，这次侬贼猖狂肆虐，我辈奉天子之名去平定，若诸位将军家中有父母侍养或者幼儿哺育不方便远行的，一定提前告知，我狄青绝对不会强人所难，但若随大军一起前往讨贼，敢有畏葸不前或不听号令者，唯有军法伺候。"不过，这样语言上的告诫有时候不足以震慑人心，而陈曙为抢功劳的擅自行动，恰恰给狄青一个解决建立权威难题的绝佳机会。

腊月初一那天，前线传来紧急情报，广南西路钤辖陈曙率领八千将士向侬智高进攻，两军在邕州城外金城驿（在今广西壮族自治区南宁市东北）遭遇，宋军大败，东头供奉官王承吉（？—1052）、白州长史徐璀（？—1052）等战死。陈曙带兵毫无章法，既要进攻侬智高又没有充分准备，两军都要遭遇了还有士卒在营帐内聚众赌博，本来是主动进攻的仗打成被侬智高军队伏击的仗，实在窝囊。陈曙仓促间命王承吉率领宜州忠敢兵一营五百人为先锋，结果导致全军覆没无一生还，陈曙见势头不对急忙撤退，损失辎重甚多，八千将士战死被俘近三千人。消息传来狄青相当愤怒，在七月到九月两个月之间，宋朝重要将领广南东路都监张忠和广南东路钤辖蒋偕先后战败身亡，在军中引起了很大震动，使得一段时间内军队士气相当低落。所以狄青刚被任命为平定侬智高的军事总指挥时就下令："所有将领都要服从命令，不得主动进攻侬智高军队。一切大规模军事行动都要经过我、孙沔和余靖等商议之后共同决定。"这样的命令发布不足一个月就发生了陈曙严重违反命令事件，不严惩无以立威。但，如何处理，狄青也是斟酌再三。

皇祐五年（1053）正月初六日，狄青千里奔波终于到达了宾州，与孙沔、余靖两位的军队会师。辞旧迎新的爆竹声尚未完全消失，冷峻的号角声已经阵阵响起。正月初八日一大早，狄青召集所有将领立于大堂两侧，公开处理陈曙败军事宜。之前将领们和主帅商议军事行动，经常当着主帅的面大咧咧地各抒己见，甚至因为意见不合争吵喧哗，而这天，当将领们看到狄青铁青的脸上写满威严，竟然出奇的安静。狄青让陈曙和袁用（？—1053）等32人出列，面无表情地问道："诸君可知罪？"陈曙等人当然知道狄青所指为战败溃逃事，全都俯首认罪道："末将知罪，请狄宣抚责罚。"狄青继续面无表情地问道："陈将军何罪？且一一道来。"堂下熟悉大宋律法的将领逐渐觉得气氛不对，类似战败之事在半年前屡屡发生，朝廷对将领们并没有任何责罚，或只有象征性责罚。但按照律法而言，这样的事情相当严重，已经不仅仅是降职了事，甚至有可能危及生命。不过，陈曙等人根本没有意识到问题的严重性，口中随便诌道："末将罪该万死，请狄宣抚责罚。"狄青又说道："我大宋军法，不取主将节度而擅发兵者，斩！临阵先退者，斩！临阵非主将命，辄离队先入者，斩！违主将一时之令者，斩！博戏赌钱物者，斩！陈将军可都知道？"陈曙等突然意识到事态的严重性，双腿跪地求饶道："末将知罪，末将知罪，下次绝对不敢啦，请宣抚大人饶命，请宣抚大人饶命呀！"狄青大声呵斥道："既已知罪，按照我大宋律法，来人，将陈曙等拉出去，斩了！"陈曙等人已经瑟瑟发抖，腿脚不听使唤了。

堂下将领哪里见过这样的阵仗，都吓得面如土色，说不出一句囫囵话。孙沔和余靖作为在场的除了狄青之外的最高官员，感觉狄青今天要动真格的，也吃惊不已。余靖不得已离席向狄青求情，他说道："狄枢密请息怒，您没有来到之前我是总指挥，陈曙将军这次出兵，我要负主要责任，请您一并责罚。"狄青脸色稍微缓和了一下说道："余舍人是文臣，仓促之际让您领兵平定侬贼，已经是强人所难了，军事行动上的责任就让我辈承担。您不用再多说了。"说完抬手一挥道："拉出去，以正军法。诸公以后若有违抗军令者，绝无宽恕。现在侬贼猖狂，我辈当齐心协力为大宋平叛，为圣上分忧。"堂下包括孙沔、余靖等所有将领无不战战兢兢，俯首听命。

在这次要斩杀立威的人当中，王铚《默记》记载其中还涉及祖无择（1011—1084）。《默记》中非常生动形象地写出了狄青斩陈曙立军威当日的具体情形，余靖惊惧之下跪拜求饶，孙沔晓之以理以解围，而最为精彩的当数祖无择，他对狄青大怒说道，我来的时候圣上亲自有过吩咐，太尉休得无礼。这一大叫竟然让狄青不敢问责，祖无择在狄青犹豫之际，让下人牵出自己的马，在狄青面前上马，大摇大摆地回到住处，回去之后才发现自己吓得便溺全出。王铚强调说，这就是祖无择的"气胜"，意思大概是当时和狄青交锋的时候,气场强大镇住了狄青,否则估计也难逃一死。祖无择字择之,河南(今河南省洛阳市)人,宝元元年(1038)进士及第后进入仕途。根据学者研究,祖无择皇祐元年(1049)八月前后任广南东路提点刑狱公事,皇祐四年(1052)正月,从广南东路提点刑狱公事改任荆湖北路提点刑狱公事。侬智高肆虐两广的时候,祖无择又于皇祐四年(1052)七月改广南东路转运使。祖无择自己所写的《鼎州桃源观题名》中称:"皇祐四年正月,自广东宪徙为湖北提刑。七月奉诏改广东转运使。"说的就是这一时间的差遣改换情况。从新出土的祖无择墓志铭可以加以确认,祖无择墓志铭的撰写者是范仲淹儿子范纯仁(1027—1101),他写道:"溪贼侬智高叛,王师南讨,遂拜公直集贤院、广南东路转运使。"

综合祖无择的仕宦经历,《默记》中的这一条材料有其值得深思的地方。材料当中狄青称呼祖无择为提刑,提刑是提点刑狱公事的简称,是宋代路一级官员当中的重要一位,提点刑狱司在传世文献当中有时候又被称为"宪司",表述的都是同一个意思。我们看的电视剧《大宋提刑官》,讲的就是宋慈任提点刑狱公事时发生的事情。根据宋朝的制度规定,提点刑狱公事的主要职掌为掌管一个路的刑狱之事,并总管所辖州、府、军的刑狱公事、核准死刑等,也有权对本路的其他官员和下属的州、县官员实施监察。但提点刑狱公事基本上不会负责军事事务,所以这里狄青询问提点刑狱公事祖无择,于法无据。更何况,这条史料当中记载祖无择的差遣本来就是错误的,祖无择现在的差遣是广南东路转运使。转运使也是一种路级官员,各路设转运使,称"某路诸州水陆转运使",其官衔称"转运使司",俗称"漕司"。转运使除掌握一路或数路财赋外,还兼领考察地方官吏、维持治安、清点刑狱、举贤荐能等职责。这样一个职位,也基本不会被掌握最高军事指挥权的狄青询问军队战败的原因等问题。

再者,狄青在和余靖的对话当中,已经强调了这次主要是针对武将不遵循军令的处置,对于文臣不做严苛的追责,祖无择是宝元元年(1038)一甲第三名进士及第,是宋仁宗亲笔勾出的榜眼,应当不是狄青惩罚的主要人员。而且,就材料中显示的祖无择反应来看,狄青没有敢处理他;是这次整军立威的目的明显没有达到。试想一下,以当时已经处死陈曙的场景来看,若已经得到宋仁宗便宜从事命令的狄青真有心处死祖无择,绝对不会让他就这么轻易溜走;若狄青没有处死祖无择的想法,绝对不会在大庭广众之下对他审问,以扩大自己的对立面。综合以上的分析,我们有理由认为,这条材料的真实度需要进一步斟酌。

然而,南宋人李焘在编纂《续资治通鉴长编》时提到,就狄青斩杀陈曙建立权威一事,或许并非我们想象的这么简单,内中有更多的曲折。

一方面,李焘发现吕陶在写作陈曙墓志铭时透露,陈曙这次出兵并非自己想贪图功劳所致,而是有人背后使坏才导致他被迫出兵,兵败之后被狄青处死。他这样写道:"陈曙和孙抗之间原来有过一些矛盾冲突,当时孙抗是广南西路转运使,他巡查到了桂州,和桂州知州余靖偷偷藏匿了狄青不得主动进攻侬智高军队的命令,并且让余靖下令陈曙进攻侬智高。陈曙知道以八千军队的数量根本无法战胜侬智高,于是让自己的副手广南西路都监苏缄向余靖和孙抗说明情况,在申诉无效之下最终战败。狄青到达桂州之后,孙抗等把败军的事情全都推到陈曙头上,以致他被处死。"李焘写完之后还强调,陈曙墓志铭中的记载和"国史"当中差异很大,需要认真考证。我们都知道,墓志铭的撰写所依据的主要材料是墓主家人提供的行状,所以其中会对墓主生平中不光彩的事情避开不写,或者多方面掩饰,若墓主生平有被冤枉的地方,则会在墓志铭当中大书特书。这次吕晦之所以敢这么写,或并不是毫无根据。然而,现有传世文献当中有关陈曙的记录实在太少,不足以勾勒出他是不是之前和孙抗在仕宦期间有过交集,以及如何交恶的,故究竟是不是孙抗和余靖联手陷害陈曙,除非有更新的资料出现,否则已经成为一个无法解开的谜团。

另一方面,李焘又根据"国史"当中朱寿隆的传记记载和其他记录,发现陈曙或许只是替罪羊而已。朱寿隆当时官为广南西路提点刑狱,狄青准备处死张愿(?—1053 后)等几名不服从命令的裨将,他建议说:"狄枢密来广南西路是解救黎民百姓于水火之中的,张愿是张忠亲弟弟,他哥哥已经战死,弟弟原本无罪,希望您能调查之后从轻发落。"最终狄青没有处死张愿等数人。而且,李焘还认为狄青还曾经想处死广南西路都监萧注,原因是萧注在参与分化侬智高和少数民族部落时存在贪污等不法行为。狄青到了宾州之后派人召回萧注,准备在军前斩杀。萧注或是听到风声,于是找各种理由推托,并没有到宾州去。经过这两次建立权威的机会没有落实后,狄青终于通过处理陈曙一事,建立起了自己在军中不容置疑的权威地位。

在谋划建立权威的同时,狄青也没有忘记要想尽一切办法鼓舞军队士气。在近半年的时间内，宋朝军队与侬智高遭遇，基本上没有取得过胜利，这无疑给军队造成一定的心理阴影。狄青在日常心理建设之外，甚至还利用求神问卜、谣谚应谶等心理暗示给军士们打强心剂。

生活于南宋初期的曾敏行（1118—1175）所撰《独醒杂记》中说到，狄青路过永州（今湖南省永州市）的时候，曾遇到后世"八仙过海"故事中的何仙姑，狄青以平定侬智高事询问何仙姑，何仙姑回答道："狄公虽然见不到贼首侬智高，但这次肯定能够大获全胜。"生活于南北宋之交的蔡絛（1096—1162）在《铁围山丛谈》中记载：狄青率领军队经过桂州时，大路旁边有一座香火很盛的大庙，人们都说这座庙里供奉的神灵非常灵验。狄青听说之后，特意让军队停下休息，自己则与亲兵一起入庙祷告。狄青从身上取出一百枚铜钱与神灵约定："若这次能够平定侬智高等贼寇，那么这些钱落到地上之后每一个都是字面朝上。"左右亲兵听了大吃一惊，反复劝阻，说这么多铜钱怎么可能全部字面朝上呀，倘若有一枚字面没有朝上，岂不是影响将士们本来就不是太高涨的情绪！狄青并不采纳他们的建议，在众目睽睽之下双手一扬，掷出百枚铜钱，结果奇迹出现了，这一百枚铜钱全部字面朝上。这让在场所有人惊掉下巴，接着马上欢声雷动，消息传开之后更是全军欢呼，声音震动山林田野。看到这个结果狄青也非常高兴，他命令左右取了一百枚钉子，把这些撒落在地上字面朝上的铜钱在原地用钉子钉牢固，并罩上一层青纱作为保护，自己还亲手在四面加了封条。狄青大声说道："将士们、兄弟们，我们平定侬贼是上天的旨意，神灵已经给我们明确答复了。等平定侬贼，我们再回来取下铜钱，酬谢神灵。"有了神灵的启示,军队一扫之前笼罩在头顶的阴霾,士气大振。当然,故事的后续是,等到平定侬智高之后,他们取下铜钱,发现是两面全部是字的特制钱。

此外,在狄青大军将到达前线的时候,军中很多人都听到了当地儿童嬉闹时的谣谚"农家种,籴家收",很明显有"侬(农家)智高必定被狄(籴家)青平定"的寓意在。类似的利用鬼神、谣谚等的做法,大体能够说明狄青为了鼓舞军队士气,用尽了各种可能的方法。

军队士气已经鼓舞得比较高涨,令行禁止的权威也已经建立,按说正是进攻侬智高军队的绝佳时机,也就是所谓的兵贵神速一鼓作气之时。但是,狄青却宣布由于粮草未能及时跟进,先准备十天的粮草,大军暂且就地安营扎寨休整。王铚《默记》中还记载了这期间一个小插曲:广南西路随军转运使李肃之(1000—1081)问大军需要粮草的数额,狄青回复说:"这一次平叛没有东西南北远近的说法,也没有需要花费多久的日期,你既然是随军转运使,那么军队需要每一个人都要装备完善,粮草齐备,少一人的装备粮草,小心转运使的项上人头。"所以狄青这次平叛,装备粮草齐备,没有出现任何短缺现象。李肃之字公仪,濮州(今河南省濮阳市)人,宋真宗朝名相李迪(971—1047)的侄子,以李迪荫补进入仕途,在地方上做官期间敢作敢当,深得百姓们的拥戴。然根据《宋史》《续资治通鉴长编》等记载,李肃之在这期间差遣为"荆湖南路提点刑狱",广南西路转运使为孙抗、广南东路转运使为元绛,这次出征并没有设置随军转运使一职,所以王铚这个记载必定有不真实的地方。不过,这样的对话从狄青口中讲出,似乎又没有丝毫违和感,比较符合当时的历史真实。那么有没有可能,这次对话狄青的不是李肃之,而是广南东路或广南西路负责军备粮草的转运使孙抗或者元绛呢?暂且放置在这里,聊备一说。这条材料大概能够说明,狄青不急于进攻侬智高,并非粮草不支,而是休整军队,另外执行他既定的计划。

在宾州休整军队,是狄青按照预先计划稳步展开的。在出征前狄青曾经和经常谈论军事的文官曾公亮交流过,他认为张忠、蒋偕等人的失败,主要原因是过于急躁而轻敌冒进,他们从京师十六七天之内急行军到达广州,士卒们还没有喘息的机会就一股脑地冲上前线,认为可以一举平定侬智高,结果自取失败乃至身死国辱,所以对侬智高军队的进攻要稳中求胜而不能轻敌冒进。

狄青安营扎寨"裹足不前"的措施,大大出乎侬智高的意料,他本来知道狄青率领军队已经临近,所以安排了很多间谍暗中监视他们的行动,并且严阵以待准备决战。侬智高认为,这位盛名之下的狄青,估计和宋朝其他将领没有什么区别,也是来了之后大举进攻,一阵操作之后兵败而回,没想到这样的决战准备却以狄青整军休息落空,侬智高本来觉得可以预见的作战安排变得难以捉摸,有了更多的不确定性。侬智高的幕僚黄师宓等建议说:"狄青这次带领重兵前来,而且有很多骑兵,我们最好派遣军士把守他们到达邕州的必经之路昆仑关,凭借这一天险来消耗他们的兵马粮草,待他们人困马乏之际,我们再来个一举歼灭。"侬智高觉得经过这半年与宋朝军队的接触,这样的做法完全没有必要,所以并没有在昆仑关处重点防御。

昆仑关，位于现在广西壮族自治区南宁市宾阳县与兴宁区昆仑镇交界处。昆仑关始建于何时，没有确切的历史记载，说法不一。一说是公元前214年，秦兵击败西瓯越人统一了岭南，在广西、广东设置桂林、象郡、南海三郡，修建了昆仑关。另一说是东汉时马援所建。目前尚不敢确定昆仑关设置时间，但秦汉之际，昆仑关已经设建了是毫无疑问的。昆仑关所在的昆仑山被称为"昆仑台地"，海拔仅有300多米，为大明山余脉，周围群山环拱，层峦叠嶂，中通隘道。昆仑关正覆压在迂回曲折的山道之中腰，好比食道之咽喉，扼守南北往来之要塞，可谓一夫当关万夫莫开，是兵家必争之地，侬智高放弃重兵把守这样的军事重地，实在是重大失误。

二、平智高，血战归仁铺

现在流传下来的很多宋代史籍，关于狄青平定侬智高的记载很不一样，有些内容甚至相当传奇，我们下面对相关记载一一铺开，给读者们展示一下宋人是如何记载狄青平定侬智高最为关键一战的。

沈括在《梦溪笔谈》中这样记载：皇祐五年（1053）正月十五上元节，狄青声称为了安慰众位将领，下令在宾州城外张灯结彩大摆宴席，和将士们举杯共庆三天。第一天晚上，狄青和众位将领开怀畅饮，尽兴而归。正月十六晚上，狄青又和大家举杯同饮，大概到了二更天时，狄青突然觉得身体有些不舒服，他就暂时回营帐休息。狄青派人告诉孙沔先在酒局主持一下，让大家继续进行，自己吃点药休息一下就回来。大家得知狄青还要回来，就一边吃酒一边等待，一直到早上还没有人敢告退，正在这时忽然外面有消息传来，说狄青已经率军队拿下昆仑关了。宋代地理总志诸如《太平寰宇记》及《元丰九域志》等中都记有一个州级地方行政区的四至八到，就是以这个城市为中心，东、南、西、北、东北、东南、西南、西北八个方向到其他重要州或京城的距离。根据相关记载可知，宾州到昆仑关足足有65里，所以从二更出兵到早上拿下昆仑关，实在有些夸张。沈括在这里想强调的大概有两点：第一是狄青计谋高超，能够骗过敌人军队甚至骗过自己的将领；第二是狄青指挥作战的战斗力强，用了极快的速度突破了昆仑关防线。

曾巩在《南丰杂识》当中的记载完全不一样，曾巩称："狄青到达宾州之后，对于侬智高以昆仑关为据点严密防范还是很担心的，所以就下令就地休息来麻痹侬智高军队。正月十六日晚上，宾州地区狂风暴雨，侬智高军队认为这样恶劣的天气宋朝军队绝对不会出兵，所以当天晚上根本没有防备，而狄青率领部队正是借助风雨交加的天气迅速越过昆仑关，打了个出其不意。"

李焘在《续资治通鉴长编》中摒弃了诸多带有传奇色彩的叙述，他很平实地记道："正月十六日开始进军，狄青率领先头部队，孙沔率领中间军队，余靖率领后备部队，当天晚上到达昆仑关下。十七日黎明，诸位将领在狄青大帐前等待进军，而狄青已经与前锋率先越过昆仑关，催促将领们急行军到昆仑关外一起用餐，他们到达归仁铺列阵等待侬智高军队。"若如李焘记载所言，那么狄青就是在十六日晚上偷袭昆仑关得手，不过若他们当晚大军驻扎在昆仑关前，有两个常识性的问题需要注意：一是防御昆仑关的侬智高军队能够看见宋朝军队，肯定会严加防范，如何偷袭得手需要思考。二是狄青率领先头部队偷袭昆仑关，即便狄青行军时悄悄进行，但在进攻时不至于一点声音也没有，一旦有小规模冲突，那么一定会有叫喊声、冲杀声甚至还有金鼓声等，孙沔和余靖等人不至于完全无视这样的声音吧？所以李焘在编纂《续资治通鉴长编》时，看似平实和合理的记载当中，仍然有需要想象和思考的空间存在。

魏泰《东轩笔录》中则认为狄青为了这次突袭，做了很长时间的铺垫："狄青大军从过了桂州开始，就严格执行看天色行军的安排，每天稍微能辨别五色时，先头部队就出发，先头部队出发之后狄青出大帐安排这一天的具体工作，再和诸位将领一起用餐，用餐结束后中军出发，每天如此无一例外。正月十六日早晨，诸位将领知道要越过昆仑关，就和往常一样在狄青大帐前等候，一直等到太阳出来狄青还没有走出大帐，身边的亲信小吏怕有意外发生，赶紧去营帐中查看，却发现空空如也。正在大家惊愕不知所措之际，有军士前来传令说狄青已经越过昆仑关，请诸位将军过关之后一起用餐。大家才知道狄青已经和先锋部队一起越过昆仑关了。"

四者的记载虽有差别，但核心指向是一模一样的，就是攻取昆仑关狄青采取的方针是麻痹敌人之后以迅雷不及掩耳之势突袭，为了保密，他甚至没有告诉自己部队当中的大多数人。根据宋代地理总志的里程分析，从昆仑关到邕州城下128里，中间自北往南途经金城驿和归仁铺，路程大概平均分成三段，每段40里左右。那么狄青一昼夜从宾州到达归仁铺大约走了 100 里路，包括中间经历了在昆仑关和侬智高小股军队交锋，在没有机械化装备的冷兵器时代，绝对算是行军神速了。

在宋朝军队越过昆仑关之际，侬智高很快得到情报，于是他率领大军前去迎战，准备一举歼灭狄青和这股号称实力强劲的宋军。侬智高这样的行动正是狄青最想看到的，在前期准备中，他和孙沔、余靖及刘几等军事将领在会议上讨论，意见惊人的一致：

滕元发（1020—1090）所撰《孙威敏征南录》记载了孙沔基于当时情况，提前全面分析侬智高军队的动向："侬智高大军的上策是放弃邕州回到他们原来的根据地广源州；中策是凭借邕州险要工事坚守，和我大宋军队展开拉锯战；下策是大军倾巢出动和我们硬拼。"而且孙沔还预测："鉴于前段时间和宋朝军队作战屡屡获胜，侬智高已经产生了骄兵轻敌之心，所以这次他们一定会倾巢出动，是我们全歼侬贼的大好机会。"陈安石撰写的刘几墓志出土在河南省洛阳市，现在被私人收藏家收藏，在公布的墓志内容中，提到了刘几建议的平定侬智高"三策"："侬智高最聪明的做法，是放弃邕州退到广源州，我们无法找到他的行踪；其次是固守邕州城，我军在这里待的时间长了可能会出现水土不服等现象。如果出现这两种情况，我们就需要班师回朝，以便再商量万全之策应对。他们最不聪明的做法是凭借和我大宋军队作战屡战屡胜的骄傲心态，率军和我们决一死战，如果是这样的情况，咱们一定能一举平定这股反贼。"事态的发展，也确如宋朝官员所料，一场大战一触即发。

双方军队在归仁铺一带摆开阵势，准备决战。归仁铺名字的得来，与中国古代驿传制度有关。中国古代驿传是专门承担接待过往官员和邮递文书、官物的交通"关节"点，其接待和邮递的两种职能向来是合二为一的。宋代官方开始普遍设立递铺，用来专门承担文书、官物传递任务，驿与专门供行人住宿的馆舍合并，与递铺在职能方面分离。根据《邕宁县志》记载，宋仁宗景祐二年（1035），在邕州经昆仑山往宾州的驿道上设归仁铺、朝天驿、金成驿、大夹岭驿、长山驿等驿站，用来迅速传递军事情报。

狄青把决战战场选定在归仁铺，是经过反复商讨、精密策划的结果。对于地形复杂多山的广南西路而言，归仁铺一带相对平坦，利于骑兵作战。而侬智高军队由于失去地理优势，他们的步兵强项就难以发挥到极致了。侬智高军队的进攻策略与很多少数民族作战方式类似，让最勇敢、最能征善战者手持锐利武器居前，老弱者悉在其后，这属于集中精锐、先声夺人的战法，在强大攻势之下让敌方直接崩溃从而夺得最后胜利。在侬智高印象当中，这种战法最适于打击类似宋朝军队这样战斗力较弱的部队。然而侬智高军队这样的作战方法也有弱点，有点像李逵的三板斧，军队前期刚猛而后劲不足，相持起来难以持续，后方在遭遇突袭的情况下有被首尾夹击而导致全军覆没的危险。狄青对侬智高军队的这一战法已经研究得相当透彻，同时也做了最为充分的应对。狄青采取了正面进攻压制的同时骑兵袭后的方略，坚决顶住侬智高最精锐部队最初阶段的冲击以削弱他们的锐气，进而骑兵突袭形成前后夹击态势。在双方都有精心战略部署的情况下，皇祐五年（1053）正月十七日，一场激烈的遭遇战就这样开始了，《续资治通鉴长编》和《宋史》等传世文献中都记录了战斗的过程。

侬智高军队排列三个方阵以阻挡狄青军队，他们左手拿着盾牌，右手拿着长枪，穿着整齐的红色衣服，给人以强大的视觉冲击力。狄青将先头部队分成左、中、右三路，"品"字形站位，左路由贾逵率领，中路由张玉率领，右路由孙节率领，在大战一触即发之际，狄青强调说道："一定严惩不等待命令擅自行动的人。"战斗开始后，侬智高军队相当勇猛，攻势非常猛烈，宋军先头部队遭受到持续的打击，官兵们打得相当艰苦，在激战中甚至宋军右路将领孙节战死，但由于狄青在战前的命令，所以大家都在拼命抵抗，并没有一个人退缩，到这个时候方显示出狄青在战前进行纪律整顿的重大意义。对于孙节在战斗中死亡的事实，当时狄青以下诸如孙沔、余靖等都大惊失色。贾逵当时正在山前听候命令，他看到当时右路部队有崩溃的趋势，他所率领的忠敢、澄海两军都是屯驻广南东西路的土著禁军，曾经数次被侬智高军队打败，假如他等狄青发出命令才出击，有可能会因中路溃军失去主动权，他考虑到兵法中的居高临下者胜，于是当机立断冒着违背狄青军令的危险，率领士兵登上山坡。等到侬智高军队进攻到山脚下时，贾逵率领士兵从山上冲击而下，将侬智高军队从中间截断。这时狄青挥动不同颜色的旗帜调动其他部队，在得到狄青命令后，张玉率领中路军正面冲击侬智高军队，刘几代替孙节为将领，重整右路军奋力与侬智高军队搏斗，两军激战近两个时辰，宋朝军队虽伤亡损失很大，但基本上顶住了侬智高最精锐部队的进攻。正当双方都接近精疲力竭的时候，狄青挥动手中的白旗，埋伏已久的数千名蕃落骑兵从敌后分两路掩杀过来，对侬智高的标牌军进行左右来回冲击，充分利用骑兵机动性强、冲击力大的长处，来往冲突敌阵，在这样强大的攻势面前，侬智高军队陷入崩溃状态，大败而归。

侬智高兵败如山倒，一路狂奔50里逃回邕州城，狄青率领军队也长途追击50里到达邕州城下，其间斩杀侬智高军队士兵2000多人，俘虏500多人，侬智高军中重要僚佐黄师宓、侬建中、侬智忠等被俘获并处死，枭首悬挂于邕州城门正对面，城内士兵闻风丧胆全无斗志。有鉴于此，李焘在《续资治通鉴长编》中记载，侬智高连夜纵火烧了邕州城，自己携带母亲等亲属由合江逃往特磨寨，邕州城不战即溃。

孙升在《孙公谈圃》中有不同的记载："狄青率领军队在邕州城下列阵，侬智高在城楼上大宴士卒，城楼上有一人穿着道士服装口中念念有词，施法诅咒宋军，被宋军一箭射杀。接着两军正面作战，狄青手持两面黑旗指挥军队作战，大破侬智高军队于邕州城下。当时孙沔等建议派人追击生擒侬智高，狄青觉得前方可能有伏兵，就没有下令继续追击。"就笔者个人的感觉，孙升说的侬智高在大败之际还有心情在城楼大宴士卒，这样的说法或存在夸张的成分，但当日邕州城下肯定有一定规模的遭遇战，绝不像《续资治通鉴长编》写的那样轻松，否则宋朝军队进城之后不会得到侬智高军队尸体5000多具，而且他写到的狄青胜利之后怕有伏兵而不让军士追击侬智高，的确很像狄青的作战风格，也就是我们前面提到过的，在胜利面前保持冷静，适可而止。

狄青进入邕州城后开始打扫战场，金帛财物堆满仓库，牲畜马匹众多，侬智高军队投降者数千人，当时有军士在城北一角发现了一个身穿金龙衣的尸体，众将领觉得这个应该是侬智高，可以向宋仁宗汇报这一重大消息了。然而狄青却相当理智地说："这具尸体孤零零地躺在城北一角，根本不像一个由重兵保护的重要人物，怎么能确定不是侬智高使诈让我们误认为他死了呢？我们宁可不向朝廷汇报侬智高已死获得重大的立功机会，也不敢因为贪图功劳而谎报这样的消息。"处理了这些事情之后，狄青看到贾逵到了大帐，只见贾逵单膝跪地，上请责罚擅自出战之罪。狄青拊着贾逵的背说道："两军对垒，军情千变万化，战机稍纵即逝，你把握了正确时机，何罪之有！换做我自己，也会像你一样为了胜利宁可违背主帅命令，也不会贻误战机。"在邕州城基本稳定之后，狄青派偏将于振（？—1053后）率领部分军士向特磨道、大理国方向追击侬智高，临行之前特别嘱咐，以田州（今广西壮族自治区百色市田东县）州界为限，万万不可贪功冒进。于振立足万全的追击与侬智高亡命的逃亡形成了鲜明对比，所以于振无功而返也在情理之中。

对于敌军尸首的处理，狄青让供奉官贾荣（？—1053后）带领兵士们，将归仁铺一战死亡的侬智高军队尸体收集到一起掩埋在归仁铺之侧，又派遣彬县尉欧有邻（？—1053后）把邕州城内侬智高军队战死者、生擒后被杀死者以及逃跑过程中踩踏致死者的5000多具尸体埋葬在邕州城北。皇祐五年（1053）二月，宋仁宗下诏在邕州城北埋葬侬智高军队尸体的地方建立"京观"，用来宣示胜利，并让余靖撰写了《大宋平蛮京观志》来纪念。

侬智高逃亡特磨道之后，企图借助特磨道乃至大理国的军队再次兴风作浪。有鉴于此，狄青一方面向朝廷传递了胜利消息，另一方面安排余靖作为主帅全面负责歼灭侬智高余部的工作，自己和孙沔则班师回朝。狄青返回开封途中，又经过了永州，他和几位文官僚佐专门去游览了自中唐以来就负有盛名的浯溪碑林。这个地方之所以闻名，是有一处摩崖题记，为唐代元结（719—772）所撰，著名书法家颜真卿（709—784）书丹的《大唐中兴颂》，这是安史之乱（755—763）结束之后，作为亲身经历战乱，曾经为领军平叛者的元结和颜真卿共同创作，对战乱平息表达了欢欣鼓舞之情，对大唐走向中兴显示了坚定信心。这样的心境与凯旋的狄青何其相似，所以他在浯溪摩崖之上，也留下了自己的痕迹，同治《祁阳县志》当中收录了狄青的《浯溪题记》，狄青在摩崖上刻道："皇祐壬辰孟冬，平定侬智高贼众叛乱，两广得以安宁。宣徽南院使、彰化军节度使狄青奉命班师回朝，明年季春凯旋经过此地，刻石以纪。军事推官、掌机宜武纬，大理寺详断官、太子右赞善、中大夫、掌机宜冯炳两位一同随行游览。"这是迄今为止，我们能够看到狄青所到之处唯一留下文字的地方，可见此时狄青轻松愉悦的心情。

余靖在广南西路也很好地执行了歼灭侬智高余部的任务，他很快抓获了侬智高母亲、弟弟等侬智高核心团队成员，不久更是得到了侬智高在大理国被杀的消息，这次平叛以全面胜利告终。狄青这次准备充分、指挥得力，归仁铺一战封神，为他获得宋朝军事最高级别的枢密使一职奠定了强有力的基础。

三、得胜归，事迹遭抹黑

狄青平定侬智高的事迹，在前面提到的一种记录平定侬智高叛乱的文献——《孙威敏征南录》中遭到了贬低和抹黑，需要在这里做集中考察。此书或被称为《征南录》，里面写到了很多平定侬智高的细节，以及狄青在平叛期间的窘态，我们根据其他传世文献当中勾勒出来的历史真实一一说明。

其一，宋朝军队在归仁铺和侬智高交战之前，孙沔曾经提醒狄青防止敌军偷袭，《征南录》中写道："宋朝大军和装备辎重共计四万多人，出了昆仑关之后部队行军三天，前军和后军之间战线拉得过长，号令无法统一，当孙沔和狄青等在朝天驿休息时，孙沔建议说：'现在我们军队行进过程中战线拉得太长，万一遇到敌人的大军，我们怎么样应对呢？'狄青觉得确实如此，于是当天晚上下令军校整理好自己的队伍，第二天果然在归仁铺遭遇侬智高大军。"根据李焘《续资治通鉴长编》记载，宋朝军队正月十六日出发越过昆仑关，正月十七日在归仁铺和侬智高军队正面交锋，正月十八日收复邕州，战斗基本结束，前后共经历三天时间。平定侬智高之后，余靖给宋仁宗上表请求解除职务继续服丧，他写道："今年正月十八日，宣徽使狄青部领三将甲兵，杀败蛮寇，收复邕州。"也可以作为证明。所以从昆仑关到归仁铺100里，宋军前后花费四天时间基本上没有可能，这里的描写主要在强调孙沔非常有先见之明。

其二，归仁铺之战狄青的失态与孙沔的镇定。《征南录》这样记载："当时侬智高军队在山后，宋朝军队偏将孙节、祝贵作为先锋部队顶在最前面，石全斌为左翼，刘几为右翼。狄青、孙沔和余靖在队伍中间属于中军，李定率领军队殿后。侬智高军队刚开始发动进攻，余靖非常害怕，就放弃自己率领的队伍跑到孙沔队伍当中以求自保，后被孙沔训斥后才返回队伍。侬智高军队凭借小山坡排开阵势，孙节凭借自己的勇猛率军杀出，企图和侬智高军队争取有利地形。孙沔坚决反对，大声呵斥孙节现在并不是争取有利地形的时机，孙节没有听取孙沔的建议而被侬智高兵士杀死。狄青素来赏识孙节，没想到竟然殒命于此，仓皇之际失声惊呼。在孙沔的得当指挥下，孙节余部和祝贵军队士气有所恢复，逐渐抵挡住侬智高部队的进攻。同时，孙沔让之前埋伏在敌军身后的三百骑兵从背后杀出，从而一举击溃了侬智高军队，他们大败之下逃回了邕州城。"通过这样的描写，我们看到归仁铺一战中狄青惊慌失措的举动。这与我们前面叙述归仁铺之战使用的《续资治通鉴长编》《宋史》等材料的记载截然不同。司马光《涑水记闻》简要总结了归仁铺一战的过程："青登高丘，执五色旗，麾骑兵为左右翼，出长枪之后，断蛮兵为二，旋而击之。枪立为束，蛮军败，杀获三千余人。"狄青手持五色旗指挥军队的风采，在《征南录》当中竟然荡然无存。所以这条记载似乎也不符合历史真实。

其三，狄青谋划不当，失去了捉住侬智高的最佳时机。《征南录》当中记载："孙沔建议狄青四面包围邕州城，从而全歼侬智高所部，被狄青拒绝。当天晚上，宋朝军队驻扎在邕州城外，孙沔强调说，我们军队刚经历过大战，队伍当中肯定有那么一小撮怯于战斗，哀叹声此起彼伏，动摇军心，建议狄青下令军中敢有夜里呼叫者，以军法问斩。二更天时，宋朝军队当中果然有营寨惊呼声连连，盘踞在邕州城内的侬智高军队以为宋军开始大举攻城，遂全部弃城逃跑。"这也和我们前面的叙述截然不同。需要说明的是，狄青不四面包围邕州城，个人以为是既定的战略，也就是这次平定侬智高叛乱，并不是以全歼侬智高军队为目的，而是以收复两广地区宋朝领土，把侬智高军队驱逐出境为目的，这是一次不容有一丝闪失的战斗。若四面包围邕州城，侬智高只能做困兽之斗拼个鱼死网破，宋朝军队势必仍要面临一场血战，这是狄青所不想看到的，若万一有失，不能保证其他少数民族部落不来支援侬智高，人为增加平叛困难。而现在这样其实已经消灭了他的有生力量，即便侬智高逃走，短时间内也难以再掀波浪，这或是宋朝军队当时最佳的选择。

其四，狄青赏罚不当，差点引起军士哗变。《征南录》记载称："等到第二天宋朝军队进入邕州之后，狄青很鄙薄利用赏赐取悦士兵的行为，所以就没有打赏士兵们。军士们相当不满意，他们议论纷纷，甚至有人出言不逊，说出要兵变、造反之类的话。有鉴于此，孙沔向狄青建议说：'这些禁军士兵们冒着瘴毒艰险行军万里，拼死作战九死一生，这次就是凭借他们以命相搏才大获全胜，有什么理由不赏赐他们呢？万一他们因为赏赐不及时做出了什么出格的事情，也不是太尉您的本意呀！'狄青觉得孙沔所言甚是，很快取出金钱打赏军士，这一风波遂被平定下去。"这样富有戏剧性的场面，让我们依稀觉得这不是宋朝建立百年之后的禁军队伍，而是五代十国时期混乱不堪的藩镇衙兵，他们不唯主帅而唯追逐利益，在利益面前敢于杀死主帅，叛变国家。而且，从基层禁军军卒出身的狄青，竟然没有科举出身的孙沔更熟悉和了解基层军卒，还要听取了孙沔的意见才采取正确的措施，这简直是编剧都不敢编出来的情节。

上述《征南录》的记载，完全是在抹黑和贬低狄青，抬高和赞扬孙沔。除此之外，《征南录》中至少还在五个方面展现孙沔的敏锐和机智，我们前面已经提到的全面分析侬智高军队动向属于其中之一，除此之外，还有以下四个方面。

第一，宋仁宗大赞孙沔料事如神。孙沔在皇祐四年（1052）八月赴任秦州辞行宋仁宗之际，就侬智高在南方乱事发表了自己的意见，后来果然一一印证，以至于宋仁宗对宰执大臣说："南贼果如孙某所料。"不过，宋仁宗这样一句赞美孙沔的话，却成为宰执大臣妒忌孙沔的理由，《征南录》当中记载道："二府由此慊公。"

第二，让荆湖南路建军营虚张声势，侬智高由此不敢北上进攻荆湖南路。《征南录》这样写道："孙沔将要从京师出发，考虑到侬智高军队入侵荆湖南路的可能性不小，于是快马飞报荆湖南路，让他们多建营帐，准备大量军备物资。这样的做法，一来让荆湖南路州军民众看到宋朝大军将到能够安心，另外让侬智高间谍看到认为宋朝荆湖南路屯驻重兵，入侵毫无胜算而气馁。所以侬智高军队最终没有入侵荆湖南路，完全是孙沔的计策高妙所致。"

第三，派兵屯驻宾州、象州，两州最终得以保全。《征南录》中称："孙沔部下李定父子七人一起随同他出征，于是派遣他们通过桂州、象州，最终到达宾州驻扎。考虑到军事将领们经常因贪图功劳而败事，孙沔在他们出发前特意下令，若敢不听号令，擅自出战，军法处斩你们全家。后来余靖曾诱使他们出战，李定坚决不服从，屯驻在宾州如和关。侬智高军队到来之后，李定坚守不出，敌军看到无利可图遂退兵，而看到敌军进攻出兵作战的陈曙则遭遇大败。所以宾州和象州能够得到保全，全都是孙沔的功劳。"

第四，在狄青到来之前备齐了征讨侬智高的装备。《征南录》当中提到了孙沔在湖南一个多月没有前进时，除了以生病为理由外，还说到孙沔一直带兵制造克敌制胜的装备："孙沔征集到军费钱帛百万，他之前已经了解到侬智高军队比较擅长使用盾牌和长枪，军队以盾牌为遮蔽排成一排，弓箭很难射穿。对于这种军队阵仗，孙沔制造了很多长刀大斧，用来克制侬智高军队。另外，南方地区湿热，瘴气严重，孙沔还提前准备了防潮的设备，在所有装备都准备好之后，狄青才从京师匆匆赶来。"

若按照《征南录》的描述，孙沔不但料事如神，运筹帷幄于千里之外，而且还临阵不乱，指挥得当于战场当中，他才是平定侬智高叛乱的真正主角和英雄。然而令人遗憾的是，《征南录》中很多描述都是夸大其词的，除了我们之前辨析的抹黑狄青的部分外，至少还有两个方面：一方面，孙沔对南方战事的了解并不准确，言过其实。《征南录》中记载皇祐四年（1052）八月孙沔向宋仁宗辞行时说："微臣道听途说，侬智高贼众攻陷邕州之后围困广州，广州是天下财货储备的仓库，海外商人数以万计，而现在这些全都被侬贼获取了。他们现在每天占据刘王山纵酒畅饮，吸收亡命徒投奔，现在势力越来越大。"孙沔广州城被攻陷的言语大大触动了宋仁宗，所以才有后来的任命他负责平叛事宜。但事实证明，广州城军民在苦苦坚守了近两个月之后，以侬智高军队主动撤退而告终，孙沔道听途说并无根据。

另一方面，孙沔出发前宰执大臣对他的掣肘过于严苛。《征南录》中交代，孙沔对宋仁宗说："现在侬智高贼众势力强盛，需要有得力将领、善战禁军、精良装备和充足物资才能平定，任何一方面缺乏，微臣的结果会和今天这些败军一样。若能任命微臣为宣抚使，进而把平定侬贼所需一一办齐，一定可以一举成功。"宰执大臣认为孙沔意在贪图富贵，极力反对。在所有请求都没有被批准的前提下，孙沔发火了，他说道："朝廷不批准微臣的请求，是没有合适的武器而进攻强大的敌人，是自取败亡之道。这样出征毫无胜算，徒劳无功而受到问责，除此之外没有任何好处。"宰相陈执中说："若平定侬贼失败，也不仅仅是被问责这么简单吧？孙密学不用慌张。"孙沔丝毫不退让地回应道："陈相这是想要向侬智高贼众们宣示以镇静吗？若我们防备得当，宣示镇静没有什么不妥，若毫无准备而宣示镇静，那就是把自己置于危险的境地，国家和百姓存亡，难道在您这里都是儿戏吗！"第二天，孙沔再次向宋仁宗请求，希望能够得到"能征善战的禁军万人，战马千骑，将领八人，负责机要事宜、文书者四人，军前备顾问指挥者二十人"，宰执大臣再次质疑说："南方战斗当中，并非有用马的地方，为什么要这么多马匹呢？"孙沔回答说："侬智高贼众叛乱的地方距离京师实在太远，马匹主要是备用，若需要时再奏请圣上，那将大大贻误战机。"

此外，孙沔考虑到广南西路和荆湖南路两个路物资贫乏，所以他还请求让自己兼任江南东路、荆湖北路安抚使，期望以四路财富为经济支撑作为战争后盾。这也被宰执大臣阻挠。过了几天宋仁宗下诏让他出征时，仅仅到位马军700人，负责机要文书的文臣4人，军前备顾问指挥者10人。

根据我们前面的叙述，孙沔这次出征，是宰相庞籍推荐的结果，所以宰相掣肘之类的言语，感觉无从谈起。再者说来，当时陈执中的官职为同平章事、判大名府，实际差遣是大名府知府，工作地点远在数百里之外的大名府（今河北省邯郸市大名县），陈执中被任命为宰相是狄青平定侬智高之后的皇祐五年（1053）闰七月初五日，故根本不可能出现孙沔和陈执中争论一说。还有，既然宋仁宗这么重视孙沔，又经过几次朝堂集中讨论，没理由兵也不给，官也不任命，将领也不调拨，总不至于宋仁宗让信任的大臣上前线白白送死吧？宋仁宗在中国历史上以宽厚仁慈著称，但绝对不会是弱智或精神不正常。而且，从我们前面的考察可知，跟随孙沔出征的将佐远不止《征南录》上说的这个数字。

综合以上内容，我们能够大体感觉到《征南录》是一本什么样的书。虽然有研究者评价这本书时强调："这本书以孙沔事迹为主，记载了宋仁宗朝平息侬智高叛乱的过程。特别是比较详细地记载了宋政府选帅调兵的决策活动及侬智高灭亡的经过，是关于这一事件较为详备的史料。"但其中对于孙沔的事迹有过分拔高的嫌疑，对狄青的事迹有打压和抹黑的成分，对宋廷平定侬智高的过程叙述与历史事实不符之处较多，是一本篇幅不大、编造颇多、漏洞百出的书。

《征南录》作者滕元发，原名滕甫，字元发，后为了避高太后之父高遵甫讳，以字为名，改字达道。他之所以在这部书中如此拔高孙沔，清代四库馆臣编纂《四库全书》时看得相当明白，他们说："大概是孙沔在杭州知州任内，滕元发为湖州通判。孙沔对滕元发的行事作风很欣赏，日常教授他一些治理地方、守卫边境的方法策略，并向朝廷极力推荐他。"滕元发为报答孙沔的知遇之恩，不满意余靖在相关文字当中专写狄青，所以有这一种作品出现。

正如四库馆臣强调的，"这本书在《宋史·艺文志》、陈振孙《直斋书录解题》当中都有出现，在宋代大家都不觉得是虚假的，大概有一定原因"。事实上这样的书写，还暗藏了一种隐蔽的士大夫的失落心理。除了单行本之外，李焘在《续资治通鉴长编》编纂过程中也多有参考，诸如孙沔仅携带700名禁军出征；孙沔的分析依智高三策等内容，现在都被李焘编入《续资治通鉴长编》当中。孙沔的这些事迹，之后更是被南宋彭百川（？—1200后）《太平治迹统类》、杨仲良（？—1240后）《续资治通鉴长编纪事本末》、佚名《宋史全文续资治通鉴》，乃至清人毕沅（1730—1797）《续资治通鉴》等书抄入。就如同谣言说了千遍就变成真理一样，孙沔平定侬智高的类似事迹逐渐流传开来，且影响越来越大。学者研究强调，滕元发片面夸大孙沔功绩，塑造一个能够抵消武将成功的文臣典型，不过是北宋士大夫们心灵上的一帖自慰剂，以此补偿长期的失落感罢了。而这样的书写，这样的安慰，或属于当时文臣们的共同心愿。

第七章

◎

再入枢府，郁郁而终

一、政治纠葛下狄青"被"枢密使

狄青一战平定侬智高，这个好消息以露布形式，马不停蹄地汇报给在京师开封的宋仁宗。露布是一种写有文字并用来传递军事捷报的帛制旗子，它的公开性极强，所到之处人们都会知道上面传递的好消息。狄青在其中说："岭表侬智高叛乱，陛下宵衣旰食焦虑不已，臣出身行伍，现在作为负责军事的枢密副使，就应该为陛下分忧解劳。率领军队所向披靡，攻无不克，全都是遵循陛下您之前的安排和命令，都是您天威浩荡。臣先在连州休整军队，之后在浔州曾遇到小股贼军，渡过珠江之后才遇到侬智高亲自率领的那帮乌合之众。侬智高无视我大宋军威，骄气凌人，他率精锐部队倾巢出动来和我军决战，臣坚壁不争，布下口袋阵等待他自投罗网，等到他们锐气稍稍受挫之际，两翼骑兵包抄，收紧口袋来了个瓮中捉鳖，大败侬贼军队。这一战从早上打到中午，杀获甚多。侬智高遂弃邕州逃命去了。现特向您第一时间汇报这好消息，具体事宜臣后续会详细禀报。"这一消息大概半个月之后传到了宋都开封，这应该是宋仁宗近一年来听到的最令他振奋的消息。

皇祐五年（1053）二月初三日早朝，宋仁宗当着满朝文武的面对宰相庞籍说："这次平定侬贼叛乱，若不是爱卿你坚持推荐狄青，恐怕不会这么顺利，这都是庞相你的功劳呀！"紧接着宋仁宗又说："狄青等既然已经平定侬贼叛乱，朝廷需要及时讨论出给他们的赏赐，若迁延过久，恐怕会让英雄们流血又伤心呀。"他还借对前代帝王的评价，把及时封赏功臣的重要意义上升到了一定的高度："朕经常看到典籍中记载，魏太祖曹操虽为人奸诈但具有雄才大略；唐庄宗李存勖行军用兵很有计策，都是难得的人才，不过当他们入主大位后游猎无节制，赏罚不以时。所以这两位只不过是将帅之才罢了，根本没有当帝王的气量。"

经过二府大臣近一周的讨论，他们基本拟定了一个总体的奖惩方案：第一，要求相关人员追捕侬智高的同时，发布"通缉令"抓捕侬智高。命令礼宾副使、广南西路都监萧注，内殿崇班，邕、贵、钦、横等七州都巡检王成（？—1053后），东头供奉官、閤门祇候、广南西路都监于震（？—1053后）等共同追捕侬智高，若能成功抓获侬智高，授予正刺史的武阶官。第二，赏赐平定侬智高的将领战士。枢密直学士、给事中孙沔为杭州知州；广南东西路、湖南路、江西路安抚副使，陵州团练使石全斌升为绵州防御使，提升了他的武阶官；贾逵升为西染院使、嘉州刺史；张玉升为内殿承制，等等。总体而言，将领13人分三等升官（宋代官员考核术语，由于宋朝武阶官横行以上没有磨勘法，主要凭借功劳和才干，由皇帝特旨提升某位横行武阶官以上官员的阶官。北宋前期阶官的主要功能是发放薪水，也就是变相增加了该官员的俸禄），三班使臣72人分五等迁资（宋代官员考核术语，此处是适用于宋代武阶官从无品杂阶到横行官以下磨勘叙迁之用。按照宋朝磨勘制度、叙迁制度，很多官阶需要逐级迁转，有军功、特赏、恩赏等可以一次转多资，成为武臣晋升的捷径）。第三，封赠战死将领家人和安抚曾经被侬智高军队肆虐过的州军。如归仁铺一战中战死的将领孙节被赠忠武军节度留后，封他的妻子王氏为仁寿郡君，赐冠帔，荫补他的两个儿子、三个侄子为官。所有被侬智高军队攻打抢掠过的州县，免去两年的赋税，用以休养生息。第四，严惩一些贪生怕死的官员。邕州知州、礼宾使宋可隆贷死除名，杖脊流放到登州沙门岛；东头供奉官刘庄（？—1053）除名，杖脊流放到福建牢城营；宾州推官、权通判王方（？—1053），灵山县主簿、权推官杨德言（？—1053）两人也除名，刺配湖南本州牢城。这些人之所以重罚，是因为侬智高从广州返回途中进攻他们所守卫的城池时，这些官员再次弃城逃跑。以上这些奖惩方案制定之后，宋仁宗审阅了都觉得挺合适，唯一不满意的是对狄青的奖励。

宋仁宗得到平定侬智高的露布后，第一反应是要授予狄青枢密使，然而狄青的推荐人、宰相庞籍却第一个公开表示反对。庞籍强调说："微臣听说太祖时，慕容延钊率领大军一举平定荆南高氏数千里之地，不过加了检校官、多赏赐了金帛罢了，终慕容延钊一生没有当上枢密使；曹彬平定南唐李氏之后，想要求得使相职务，太祖皇帝没有答应，当时太祖皇帝说：'我大宋西边有北汉刘氏，北边有契丹，你做了使相，没有更高的官职可以给你，你哪里还肯替朕死战效力呀！'所以当时只是赐钱二十万贯。我祖宗重视名器如山岳，轻视钱财如粪土，这是陛下您要效法的呀。狄青这次凭借着陛下的威灵，一举平定侬贼叛乱，为圣上分忧，绝对需要奖励。然而，狄青的功劳和慕容延钊、曹彬相比远远不及，如果陛下立刻晋升他为枢密使、同平章事，那么狄青的官职就到达了升无可升的地步，倘若以后狄青再出马平定类似侬智高这样的盗寇，您准备赏赐他什么官呢？而且，现在的枢密使高若讷任职期间兢兢业业，没有任何过错，您准备用什么名义罢免他呢？以微臣的意见，不如效法太祖皇帝赏赐慕容延钊的做法，给狄青加检校官，多赏赐金帛，荫补子弟为官，这样的奖励狄青也应该满足了。"

对于庞籍的反对，宋仁宗有自己的坚持，他接着庞籍的话反驳道："前段时间，谏官和御史们对高若讷举荐狂傲无品德的胡恢写《石经》一事反复弹劾，是明显的失职行为；此外，前段时间高若讷出行时，前导者戒严道路竟然殴打无辜百姓致死，也被御史和谏官们弹劾，这些事实俱在，庞爱卿怎么能说他没有过错呢？"庞籍并不退让，他说："现在臣僚举荐选人充任京官，若举荐的人没有升迁但在新职务上犯有公罪私罪，举荐他的官员并不受牵连。这次高枢密举荐胡恢以本官书写《石经》，职官没有任何变动，怎么能因为这个解除他枢密使的职务呢！说起殴打百姓致死那次高枢密出行，他骑马在后距离前导者一里远还多，根本控制不了前导者的行为。

更何况不幸的事情发生之后,高枢密立即把涉事犯罪嫌疑人控制住并扭送开封府,让知开封府事刘沆(995—1060)秉公处理,如此说来,高枢密又有什么罪过呢?而且,在谏官、御史论奏弹劾之际,陛下您已经高抬贵手赦免了高枢密,现在又反过来去追责,恐怕不合适吧?"

这时候参知政事梁适加入讨论,他没有纠结高若讷是否应该罢免的问题,而是援引先例来证明狄青应该被授予枢密使。他强调说:"庆历八年(1048),军贼王则发生兵变,波及的范围仅仅贝州一州之地,陛下任命文彦博前往平定,事成之后就任命为宰相。与王则叛乱相比,侬智高骚扰广南东西两路十余个重要州,波及的范围、民众以及造成的损失要超过百倍,狄青能一举平定,授予枢密使职务是理所当然的。"庞籍立刻反驳道:"文彦博平贝州王则兵变之后的赏赐,当时已经有人议论认为赏赐过厚了。而且文彦博当时已经是参知政事了,如果宰相有阙额的话,他即便没有平定王则兵变的功劳,也会按照资格晋升为宰相,况且他有这一项功劳。再者说了,我大宋文官当宰相或被罢免,并没有太严格的规定,但武臣做枢密使则完全不同,若没有大的罪过是不可能被罢免的。"接着庞籍面对宋仁宗总结道:"微臣现在反对狄青当枢密使,不仅仅是为国家珍惜名器,也是想保全狄青的功名,他出身卑微,从军队最基层一步步提拔为枢密副使,朝廷内外议论纷纷,全都觉得这是本朝从没有过的现象。现在狄青平定侬智高立了大功,这些流言蜚语才逐渐消停,若是骤然提拔他为枢密使,不是陛下您爱惜狄青,而是为他无端招来漫天飞舞的流言呀!"

庞籍之所以有这样的反对意见,是基于对当时政局的通盘考虑。在半年之前举荐狄青征讨侬智高时，庞籍为了让宋仁宗放心，反复强调狄青在西北战场对抗西夏时曾经是自己的部下，自己相当熟悉。宋仁宗听从了他的意见，而且事态发展确实像庞籍说的那样，狄青很好地完成了任务。现在晋升狄青为枢密使，若有人把两者关系联系起来，说庞籍与他悉心栽培提拔的狄青，共同掌握东西二府的大权，这岂不是庞籍结党营私的铁证吗？所以不管宋仁宗如何赏赐狄青，庞籍首先要做一下撇清关系的表态用来避嫌，这或许是他自我保护的手段。

谏官右正言刘敞也对狄青升任枢密使表示了反对意见，他认为朝廷刚开始任命起居舍人杨畋讨伐侬智高时，杨畋节节败退甚至损失了蒋偕、张忠两员大将，导致了侬智高军队气焰越来越嚣张。朝廷起用狄青平叛，狄青一战歼灭侬智高的主力部队，大获全胜。所以近段时间文臣不如武将的议论甚嚣尘上，而很多士大夫觉得事实的确如此，无法反驳，这实在是无稽之谈。为什么这么说呢？因为当时杨畋的官职卑微，一起参与平叛的张忠、蒋偕官职都比他高，所以在指挥上难以如臂使指，召之不来，挥之不往，所有时间都花费在协调关系上了，哪里还有心思考虑如何应对侬智高叛军呢？狄青面对的情况却截然不同，他是从基层士兵起家的枢密副使，官职高而且能得到士卒的尊重和爱戴，朝廷还委任他全权处理平贼事宜，所有掣肘的因素都不存在了，所以可以一心一意地谋划平定侬智高事宜。倘若杨畋和狄青职官和经历对调，能够达到一样的效果，而不见得是狄青多么了不起。

关于狄青是否应该晋升为枢密使，宋仁宗和宰执大臣争论数日不能如愿，宋仁宗就退一步说："如果不任命狄青为枢密使，能否迁升他儿子的官职呢？"庞籍听到宋仁宗有松口的迹象，连忙说道："当然可以，汉朝时卫青平定匈奴有功，汉武帝封他四个儿子侯爵，陛下您要是觉得赏赐狄青过薄，可以升迁他儿子的官职作为补偿，这样做合情合理，能为子孙挣得官爵对于狄青而言属于荣耀，不让他做枢密使对于大宋而言属于维护祖宗家法，两全其美。"争论了一周之后，二月十二日，宋仁宗才下诏："宣徽南院使、彰化节度使狄青为护国节度使、枢密副使、依前宣徽南院使。东头供奉官、阁门祗候狄谘为西染院副使兼阁门通事舍人，右侍禁狄咏为阁门祗候。"同时，宋仁宗还赏赐狄青位于京城开封敦教坊第一区的房产，此事方才告一段落。

皇祐五年（1053）四月初三日，狄青还朝复命，宋仁宗很开心，在垂拱殿大宴群臣为狄青接风洗尘。在酒宴上宋仁宗对狄青嘘寒问暖，特意安排狄青休假十天，十天之后上班，满眼都是爱，狄青谨慎低调地一一应对，君臣尽兴而散。四月十二日，狄青上班的第一天，宋仁宗在垂拱殿命在归仁铺立下奇功的蕃落骑兵，在垂拱殿外重演当日归仁铺大破侬智高军队的过程。张玉奉命任都大提举教阅阵法，指挥蕃落骑兵在殿前来回奔驰追逐、刺杀击打，完成了一幕幕威风凛凛的战斗表演。在此期间，还发生了一个小插曲，被吴曾（？—1162后）在《能改斋漫录》当中记载了下来。当天蕃落骑兵在垂拱殿外来回冲杀时，这些少数民族兵士如在战场上一般高声呼喊，喧哗不已，射出来的流矢甚至落到了殿中，文臣宦官吓得惊慌失措，赶紧让宋仁宗从御座移动到更安全的位置，宦官们用身体组成人墙遮蔽宋仁宗，宰相庞籍再三呼喊叫停方才消停，所以狄青得到了一个不识大体、举止轻浮的大帽子。不过，宋仁宗并不在意，他看了之后心潮澎湃，大行封赏，以拱圣营马三百匹补充蕃落骑兵的不足，升迁右班殿直张玉为内殿承制。

在大家都以为狄青为枢密使事件已经翻篇的时候，皇祐五年（1053）五月初六日，宋仁宗在和二府议事时突然声色俱厉地发话："前段时间平定侬贼赏赐太薄，今天朕决定任狄青为枢密使；孙沔为枢密副使；石全斌先给观察使俸禄，一年之后授予观察使；高若讷迁一官，先做一段时间为朕讲经读史的经筵官；张尧佐为宣徽使。"庞籍等宰执大臣们一时间惊慌失措，不知如何应对。稍微稳住心神后庞籍说："陛下少安毋躁，这件事涉及人员众多，职位重要，容臣等退朝之后到中书门下商量，明日再向您汇报。"宋仁宗严厉地说："不用到政事堂了，就在殿门旁边的阁内商量吧，朕就在这里等着你们的商量结果，你们若是商量不出一个朕满意的结果，朕就一直在这里等着。"二府大臣退到殿门旁边的阁内商量，想着宋仁宗生气的神情，大家都不敢再多议论，很快入殿汇报，全都按照宋仁宗的要求处理。所以宋仁宗当天就下诏："枢密使、户部侍郎高若讷罢枢密使，为尚书左丞、观文殿学士兼翰林侍读学士、同群牧制置使。枢密副使、宣徽南院使、护国节度使狄青为枢密使。"这样的诏令公示出来以后，包括狄青在内的群臣都一头雾水。狄青完全不知道，这次升迁竟然是另外有人在背后极力运作的结果，是宰相职位之争的暗中角力，他自己只不过是"被"枢密使而已。

在第一轮讨论狄青是否应该晋升枢密使时，群臣根据意见不同分成两方，一方以宰相庞籍为首公开表示反对，一方以参知政事梁适为首公开表示支持。梁适之所以支持狄青，并不是因为他们两个人有什么样的私人关系，而是他觊觎宰相的位置。

梁适字仲贤，东平（今山东省泰安市东平县）人，父亲梁颢为宋真宗朝翰林学士。梁适以荫补进入仕途为官，但是为证明自己实力，在景祐元年（1034）科举中进士及第。梁适仕宦地方多年，皇祐元年（1049）已经是枢密副使，进入执政行列，皇祐三年（1051）八月更是再进一步，成为参知政事，距离宋朝一人之下万人之上的宰相之位仅剩下一步之遥，而狄青这次平定侬智高凯旋，恰恰为他这一步之遥起到推波助澜的作用。

当时朝廷当中，高若讷为枢密使，资历高于官为参知政事的梁适，按照惯例，如果宰相有阙首先应该资历更高的高若讷递补上去，狄青是基层出身的武将，如果他是枢密使，无论他有什么样的大功劳，也绝不可能成为宰相的，所以狄青若能够代替高若讷当枢密使，实际上是扫除自己通往宰相道路上的重要障碍，有鉴于此，梁适在宋仁宗面前极力推荐狄青充任枢密使一职。

需要稍加说明的是，北宋时期宰相似乎可以类比为我们现在的"国务院总理"，但两者又有所不同，现在的"国务院总理"只有一位，但北宋时期的宰相编制满额是三名，当然也可以有配备不全的情况，甚至只有一个宰相的独相在制度上也是完全合理的。若三名宰相配齐，按照资历排序，首相官衔中肯定会有"昭文馆大学士"，所以传世文献当中又称北宋首相为"昭文相";次相官衔中肯定会有"监修国史",文献当中又称之为"史馆相";资历最浅的宰相官衔中肯定会带"集贤殿大学士",故又被称为"集贤相"。参知政事和枢密使,都是通向宰相的重要台阶,在皇祐五年(1053)四月时枢密使有两位,一位是从庆历五年(1045)开始充任枢密使的外戚王贻永,一位是皇祐三年(1051)升任枢密使的高若讷,宋朝制度规定,外戚和武将绝对不可能当上宰相,也就是说王贻永和狄青即便是枢密使,即便再立下天大的功劳,也和宰相绝缘,通过上面的分析我们可以发现,梁适通往宰相道路上唯一的绊脚石,除了另外有人被皇帝特旨委任之外,就是资历高于自己的高若讷。因此,他一定会抓住狄青平叛的机会大做文章,而后来事情的发展也确实是这样。

梁适在朝堂上的建议没有被最终采纳,退朝之后非常郁闷。为了达到自己的目的,冷静思考之后,他三管齐下向宋仁宗吹风,以期推翻他自己之前的决定。第一,他私下向宋仁宗上奏,重申狄青功劳卓著而赏赐太少,对有功之臣如此吝惜赏赐,根本没办法激励后来者。第二,他又派人把二府大臣在宋仁宗面前商量的内容全盘托给狄青,让狄青对二府当中反对自己充任枢密使的人心中有所芥蒂。第三,私下传话给一起参与平定侬智高的内侍石全斌,让他在宋仁宗耳边常常提及征讨侬智高是如何如何的凶险,自己则作为外援附和,这样一来可以为石全斌攫取更大的利益。石全斌得到梁适的密信之后,很好地落实了他的意思,在宋仁宗面前甚至夸大归仁铺战役简直是九死一生,进而不经意间对狄青和孙沔封赏太少表达了遗憾之情。宋仁宗突然觉得内廷和外廷全都是狄青封赏太薄的讨论,这样的事情一直持续了两个多月,宋仁宗越来越觉得之前所做的决定是不正确的,于是决定遵从内心的最初想法,升迁狄青为枢密使,升迁新知杭州的孙沔为枢密副使;同时一并夹带"私货",把自己挚爱的张贵妃伯父张尧佐(987—1058),从判河阳(今河南省孟州市)的差遣上接回京师开封,充任宣徽使,以遵守自己对爱妃许下的承诺。这对宋仁宗来说,既显示了对功臣的宠爱,又抚慰了美人的心灵,可谓是一举多得。

就笔者个人的感觉,狄青是一个非常克制的人,他在重大功劳面前能够冷静对待,所以就枢密使职位而言,他并不像梁适等苛求宰相职位那样欲望强烈。然而,在梁适多管齐下的运作下,狄青莫名其妙被任命为枢密使,很多矛头立即指向了狄青。具体的言论现在传世文献记载不多,但从官员任命上多少会有提及。五月二十四日,尚书左丞、御史中丞王举正为礼部尚书、观文殿学士、知通进银台司兼门下封驳事,兼提举祥源观事,宋仁宗还特地遣使者到他家赐白金三百两加以慰问。之所以把王举正调离御史台台长职务,是因为狄青被封为枢密使以来,王举正反复上疏表达反对意见,在宋仁宗坚持任命的情况下,王举正要求解除御史台职务,在家待罪不再上班,所以有这样的职务调整。北宋时期有四个职官最容易晋升为类似现在国务院副总理的执政大臣,那就是皇帝的秘书班底翰林学士、相当于现在北京市市长的知开封府、相当于现在的财政部部长的三司使和相当于现在的最高人民检察院检察长的御史中丞。御史中丞王举正弹劾狄青且被罢免,在朝堂上引起了不小的轰动,这也是狄青招致各种攻击的一个原因。

实质上，狄青为枢密使这一事件的最大受益者，还是参知政事梁适。他在狄青被任命为枢密使不到一百天的时候，终于如愿以偿当上了宰相。皇祐五年（1053）闰七月初五日，庞籍罢相，宋仁宗任命陈执中和梁适为宰相。《续资治通鉴长编》记载道："集庆节度使、同平章事、判大名府陈执中为吏部尚书、平章事、昭文馆大学士、监修国史，给事中、参知政事梁适为礼部侍郎、平章事、集贤殿大学士。"事态完全按照梁适的既定计划发展。

二、行事低调仍陷流言的枢密使

与之前宋夏战争阶段和平定侬智高叛乱时丰富的记载相比，从皇祐五年（1053）五月狄青任枢密使开始，一直到嘉祐元年（1056）八月为止，他这三年多的活动在传世文献当中几乎绝迹，好像根本不曾有过这个人一样，这和他的政治地位完全不相匹配。这其中，一方面可能是已经46岁的狄青行事低调，而且低调到不能再低调了；另一方面，也可能是因为文臣的偏见，对狄青在朝堂上的事情不屑一顾，根本不值得浪费笔墨。

在这段时间内，有两个内容需要我们注意。第一个是枢密院的人事变迁。至和元年（1054）三月，枢密使、彰德节度使、同平章事王贻永因身体原因，多次请求罢免枢密使一职，得到宋仁宗允许，结束了他四年枢密副使和十一年枢密使的枢密院任职经历。宋仁宗旋即起用河阳三城节度使、同平章事、判郑州王德用第二次为枢密使，距离他第一次充任枢密使的景祐元年（1034）已经过了20年，由于资历原因，王德用地位仍在狄青之上。这样的职务任免肯定是经过宰辅大臣缜密思考和反复讨论确定的，在众多大臣心中，当时能够震慑47岁的枢密使狄青的人，朝野当中唯有王德用一人，所以王德用这次被任命为枢密使，必定有牵制狄青的意思蕴含其中。

第二个是不利于狄青的流言越来越多。皇祐五年（1053）十月初一日出现了日食的天文现象，而直集贤院刘敞借题发挥，先后上《救日论》三篇，反复强调宋仁宗需要防范以下凌上的风险，要注意奸邪之人发动兵变之类的话语。狄青看到之后心中很不舒服，他退朝之后对着亲信郁闷地说："刘舍人这么三番五次地对圣上强调兵变之类的话，难道不是说给我狄青听的吗？何至于此呀！"与这样小规模的流言相比，至和二年（1055）年末，宋仁宗卧病在床后的流言蜚语，就有点让狄青心生畏惧了。

至和二年（1055）除夕那天，首都开封下了一场多年未见的暴雪，京师很多地方的房屋被压坏，甚至垂拱殿的屋顶损坏严重，这么重要的节日出现这么严重的情况，天谴的意思相当浓厚。面对这样的事情，宋仁宗非常重视，他在大雪严寒的天气中光着脚向上天祈祷，企图用真诚打动上天以达到免灾效果，结果是受了严重风寒。正月初一在大庆殿行大朝会之礼，宋仁宗突然晕倒，后在太医紧急救治的过程中苏醒，但无法正常言语，口水不停流出，应该是中风的前兆。宋仁宗这次生病持续了近一百天不能上朝，这期间宰相文彦博等宰执大臣在处理朝廷内外事务，朝廷内外都很担忧宋仁宗的安危，在这种节骨眼，枢密使狄青位高权重深得人心，就成为原罪。

狄青以行伍起家，能与士卒同甘共苦，所以士卒们都很崇拜他，每当发衣服食物军饷时，他们当中就有些人口无遮拦地说，这是狄青爷爷赏赐的。这被文官们听到耳中，给狄青戴上了自恃有功、目无圣上的大帽子。狄青刚当上枢密使时，有一些民众对他的传奇经历感兴趣，各种狄青武艺高强、英姿飒爽、帅得掉渣等的传言遍布京城，以至于他出行时，就有一批想凑热闹的"吃瓜群众"企图围观一下狄青的真容，有几次导致道路严重堵塞。这被文官们看到眼里，给狄青戴上了骄蹇不恭、不识大体的大帽子。若前者是士卒的无知导致，后者绝对是狄青躺着中枪，这就好像现在的明星出行，除了那些想制造话题博出位的故意泄露行踪，哪一个不是偷偷摸摸，墨镜口罩齐上阵。而宋朝的制度规定，枢密使出行要大张旗鼓，肃静戒严，围观完全是宋朝的制度造成的，但不管怎样，所有的污水都泼向了狄青。

千年之前的宋都开封，繁华程度堪比千年之后的大都会纽约，在当时的条件下，基于消防安全，对火的使用要求严格，晚上十二点之后必须灭烛，若有祭祀之类的活动，除了皇帝用火自由外，官员无论官职大小需要提前报备。某一次，狄青家中祭祀忘记报备，打更人望见枢密使院中有火光，赶紧报告厢主和开封府，等到派遣的救火队伍赶过去时，发现根本没有火。这样的小事也能在京师形成漫天飞舞的流言，说狄枢密家晚上没有失火却经常光芒照亮整个天空，某些文臣甚至附会后梁开创者朱温没有当皇帝之前，家中也常有这样的异常现象。而且，开封城内流言传出狄青家里的狗头上，莫名其妙地长出了两只角，形状和龙头上的没有什么区别，一定是某种征兆。与此同时，开封城内有童谣唱道："汉似胡儿胡似汉，改头换面总一般，只在汾河川子畔。"狄青汉人姓"狄"，与"夷狄"的"狄"为同一字，所以是"汉似胡儿胡似汉"，狄青脸上有刺字一直没有褪去，所以是"改头换面总一般"，狄青家在汾州西河县，所以是"只在汾河川子畔"。有人以此为根据，让当时的谏官范镇弹劾狄青，范镇对来人义正词严地说道："唐朝初年著名将领李君羡，是李唐父子建功立业的功臣，征讨王世充、窦建德、刘黑闼期间，李君羡冲锋陷阵，得李世民赏赐甚巨。李世民即位后，将整个宫城最关键的太极宫玄武门交给了李君羡把守，掌持禁军戍卫。效力李唐近三十载，但他最终却因'女主武王'这样的流言被唐太宗李世民处死，祸及满门。您这样的童谣是要置狄枢密于死地呀！这样捕风捉影无中生有的事情，恕范某人无能为力。"

然而，由于一边是宋仁宗重病在床，一边是被士卒们敬仰且手握最高军事指挥权的狄青流言蜚语满天飞，这样的情形就导致了不是所有人都像范镇一样冷静客观，一些文臣开始弹劾狄青，以知制诰刘敞为首。写到这里突然发现一个问题，从皇祐四年（1052）狄青南征侬智高开始，每次弹劾狄青的人当中都有刘敞的身影，不管他在不在言官的位置上，都勇于言事。笔者能力有限，实在找不到狄青和刘敞两个人之间有什么样的交集或者不愉快，不过这样既对事又对人的弹劾上奏，尤其是不在言事官的位置上，似乎并不多见。知制诰刘敞向宋仁宗上疏说了外面针对狄青的各种流言，洋洋洒洒千余字之后强调："现在外面流言纷纷，请陛下遵从民意罢免狄青枢密使一职，微臣这么建议没有其他意思，主要是为了保护狄青呀。"

宋仁宗并没有接受刘敞的意见，并把他外放为扬州（今江苏省扬州市）知州。刘敞并没有因为外贬而善罢甘休，他在向宋仁宗辞行时反复强调宫廷之外全是狄青的各种传言，虽然有些不足为信，但毕竟三人成虎容易迷惑无知民众，宁可对不起狄青，也不能让狄青做出对不起大宋的事情。他还对宰相们说，前段时间天下有很大的忧患和很大的疑虑，现在圣上龙体安康，大的忧患不复存在，只剩下狄青这个大的疑虑还存在，你们可以把我说的话告诉狄青，让他自己看着办。等到刘敞到了扬州之后给朝中文臣士大夫写信，用汲黯劝告李息弹劾张汤的典故，让他们以此为借鉴弹劾狄青。

在这样的矛盾纠葛下，一个隐而未发的关键问题逐渐凸显出来，宋仁宗当皇帝虽然已经30多年，先后生育三个儿子，但三个皇子都先后夭折，皇帝没有子嗣且身患重病，这对于帝制社会来说是很大的政治危机，所以以宰相文彦博为首的文臣不断上疏要求宋仁宗立嗣，而嘉祐元年（1056）首都开封的极端天气正好配合了文臣们的行动。继正月大雪灾之后，整个夏天开封遭遇了百年一遇的特大暴雨，大雨从五月份断断续续下到六月中旬，这次大雨的规模堪比2021年发生在河南省郑州市的7·20特大暴雨。当时开封城发生内涝，官署民宅被泡水损坏了上万间，开封城内靠着木筏往来救护，皇帝为百姓祈福报功而设立的祭祀土地神的场所太社坛，以及祭祀五谷神的太稷坛几乎全部被冲毁。大水涌过安上门城门，城门洞中横梁被水冲击折断无法使用。同时，水灾还造成数百名平民的死亡。在这种情况下，文臣们借着《尚书·洪范》引申出的"水不润下"的灾异理论中的"简宗庙"问题劝谏宋仁宗，认为宋仁宗没有子嗣又不选择宗子充皇嗣，

第七章 再入枢府，郁郁而终

是对宗庙的懈怠与不敬，正因为如此才导致天变。从嘉祐元年（1056）四月到八月，文臣士大夫向宋仁宗建议立储的章奏纷至沓来，不过这么大的事儿却没有人和西府王德用和狄青两位枢密使透漏一丝消息，王德用听说后，手掌拍拍脑门发牢骚道："这么大的事儿我们丝毫不知道，干吗还勉强留我们在这个位置呢？"有人把王德用的反应告诉时任翰林学士的欧阳修，欧阳修鄙视地说："这个老衙官糊涂了吧，这种事情哪有他们参与的份儿呢！"诸如王德用、狄青这样的武将，虽然备位国家二府，看似地位尊崇，但实际上却不得不忍受来自文官集团的轻蔑乃至侮辱。于是，欧阳修在建议宋仁宗立储的同时，上疏要求罢免枢密使狄青。

欧阳修先后三次上疏，对狄青罢免枢密使产生了重大影响，这三份奏疏现在题名分别为《上仁宗乞罢狄青枢密之任》《上仁宗论水灾》和《上仁宗论水灾》第二状，其中第一篇对狄青的论奏最为集中和全面，也最值得细细揣摩玩味，可以说这是一篇宋代文臣论奏武将的代表性作品。

我们看看大文豪欧阳修是如何苛责狄青的，他在开篇就说道："微臣这次要说的是消除祸患于尚未萌芽时的事情，天下人虽然知道，但是因事情没有出现没有证据，所以没有人敢向陛下进言。"这是什么意思？换成通俗的大白话，就是我今天所说的没有任何可以"实锤"的证据，但若按照我说的办的话，祸患肯定会在没有出现的时候不再出现。这样搞笑的逻辑在大文豪欧阳修笔下竟然是那么的真诚和自然。他紧接着总结评判了狄青前半生的事迹："枢密使狄青行伍出身，在陕西用兵时小有名气，在广南西路捕贼时立有小功，他入主枢密院时很多大臣都觉得不合适，这三四年以来他处理公务虽然没有什么过错，但错就错在他太得人心了！之所以如此，还是因为他出身低贱，脸上还有刺字，那些士兵觉得他们是同路人，以狄青能够得到高官为荣耀。狄青这个人武艺的确有过人之处，训练又有一定的规矩，比那些个刺字的军士又稍微有些见识，所以军士们都很佩服他。以微臣短浅的见识看来，狄青和古代名将相比还达不到百分之一，他能得人心更多的是身份认同和口耳相传的夸大其词，所谓'一犬吠形，百犬吠声'就是这个道理，实在不足挂齿。"接下来，欧阳修梳理了近段时间京城关于狄青身应图谶、宅中有火光、狗头长角等各种无中生有的流言蜚语，进而用自己信手拈来的前代掌故类比影射："唐朝中期泾原兵变发生时，朱泚也没有想着造反当皇帝的事儿，主要是仓促之际被人胁迫不得已而为之，所以对于深得人心掌握军事指挥权的官员，一定要及时防范。"最后，欧阳修再次强调狄青并非能力突出之人，并给出了对狄青的具体安置措施："以微臣愚见，狄青只不过是一般的人才而已，没有特别的过人之处，很多功绩是外界吹捧出来的虚假现象罢了。希望您早日罢黜狄青枢密使一职，让他去外州任职，借此来观察他的心理和行动的变化以及外界流言情况。假若狄青真的忠孝如一，军事大权既然解除，那么流言会自然消散，他的清白可以证明，富贵可以永保。这对于他来说是好事儿呀！"

毫无疑问，欧阳修这篇论奏相当富有煽动性和说服力。他是唐史和五代史主要修撰人，对晚唐五代武将拥兵自重、武夫悍将擅自废立，以及对宋朝建立者赵匡胤以禁军统帅夺取后周政权的事都了如指掌。在这篇奏议当中引经据典，逻辑层次环环相扣，想要反驳相当不容易，但实际上宋朝开国百年，制度设计以"防弊之政，为立国之法"，完全铲除了武夫悍将黄袍加身的土壤，无论如何已经完全不会到达和唐末五代相提并论的地步。而且，欧阳修虽然口口声声说保护狄青，但字里行间已经把狄青当作对北宋政权构成现实威胁的乱臣贼子来看待，和之前庞籍阻止起用狄青为枢密使意在保全完全不同。

因开封持续不断的大雨，狄青家中也受灾严重，他只好携家人在相国寺躲避水灾，因无处落脚，在相国寺大雄宝殿内和很多官僚一起暂时休息，而这成为欧阳修中伤狄青的借口。开封城内竟然传出了这样的话语：狄青身穿黄袍，坐在大雄宝殿之上指挥军士，简直是真神下凡。所以欧阳修又先后向宋仁宗上疏论水灾，反复强调罢免狄青对于维持大宋政权的重要意义。宋仁宗被欧阳修等人反复论奏得不耐其烦，就向宰相文彦博发牢骚。宋仁宗说道："近来欧阳修等人反复上疏要求罢免狄枢密，说一些捕风捉影的事情，朕从基层军队当中把狄枢密提拔起来，他的人品朕还是清楚的，必定不会做出来对不起朕的事情。"文彦博回答道："陛下圣明，狄青绝对不敢做出辜负您厚爱的事情。不过话说回来，我朝太祖皇帝也是周世宗心中的忠臣呀！能有我大宋百年基业，也是太祖皇帝能够得到军士们的拥护所致呀。"宋仁宗听了之后默不作声。不难看出，宰相文彦博的话在宋仁宗心中有着极重的分量，是狄青罢免枢密使最重要的助力。

文彦博字宽夫，汾州介休（今山西省介休市）人，是狄青的老乡。文彦博和王尧臣、韩琦是同年，都是天圣五年（1027）进士及第，他和狄青什么时候认识传世文献记载不多，但宋夏战争期间（1038—1044）文彦博曾经充任秦州知州，应该和狄青已经认识了。庆历八年（1048）他在平定贝州王则兵变时，宋仁宗曾经想让狄青去接替高阳关都部署、马军都虞候、象州防御使王信作为总统兵官，由于文彦博到了之后发现局势已经基本稳定，所以就没有让狄青到贝州。事后文彦博向宋仁宗回复这件事说："微臣前段时间奉圣旨充任河北宣抚使，陛下您令臣拿了五道宣敕，等到了贝州之后综合考量，若需要让狄青接替王信就发宣敕给狄青。微臣到了之后，感觉事态逐渐平复，就没有再抽调狄青前来协助平叛，现在把所有五道宣敕全都呈交，请枢密院处理。"这是现在所能见到的文彦博自己书写的文字当中，唯一提到狄青的。不过，在北宋著名诗人梅尧臣（1002—1060）的《碧云騢》当中，却记载了文彦博曾经讹诈狄青的行为，他写道："狄青与文彦博是老乡，狄青在任真定路兵马副都部署驻扎定州时，文彦博曾经令门客以拜谒的名义索贿，狄青第一次给得不多，门客回去汇报之后，文彦博专门写了书信谴责狄青，不得已之下狄青第二次给了较多的财物。第二年狄青武阶官提升为节度使，文彦博又让门客到定州告知狄青，这是他在宋仁宗面前极力美言的功劳。"《碧云騢》刚一出现就引来很大争议，有人说作者是梅尧臣，有人说作者是魏泰，学者对其中所写事迹逐条研究，认为此书作者当为梅尧臣无疑。若真如梅尧臣所说，那么文彦博和狄青之间是有某种利益关系在的，而且是文彦博主动索贿，聊备一说。

或许是文臣对武将的偏见，或许是狄青官位太高不再受自己威胁，作为同乡的文彦博决然地和狄青切割关系，最终导致狄青在嘉祐元年（1056）八月十四日，罢枢密使，加同平章事、判陈州。

三、狄青之死

狄青赴任陈州知州临行之前，和宰相文彦博交流罢免枢密使的原因，文彦博说："也没有什么原因，只不过是朝廷怀疑你罢了。"这让行事低调的狄青大吃一惊。这一幕何其相似！宋太宗时名将杨业武艺高强，很受士卒拥护，监军王侁对杨业说"您该不会有其他想法吧"，一句话把杨业逼上死路。朝廷怀疑这句话，成了威逼狄青就范的杀手锏。而且，狄青还没有赴任，京城就有传言说狄青到陈州必定不能善终，因为陈州有一种叫"青沙烂"的梨子远近闻名，特别好吃，狄青这次到陈州赴任，这不是正应了这样的谶语吗！类似的谣言弄得狄青心神不宁。同时，狄青到了陈州之后，在文彦博的主导下，宋廷每个月两次派遣宦官进行抚慰，不停对狄青实施心理打击和精神迫害。嘉祐二年（1057）三月二十四日，狄青在惊疑终日的情况下郁郁而终，享年五十岁。一代名将壮年之时遽然陨落，给后世留下了无尽的感慨。

欧阳修、文彦博的所作所为对狄青被贬产生了决定性作用，这是不可否认的历史事实。但是，如果简单地认为欧阳修、文彦博是将狄青迫害致死的元凶，似乎又夸大了他们的个人作用。观察狄青的仕宦生涯，他大体上与文官集团维持了比较融洽的关系，最初在陕西得到尹洙的推荐，韩琦、范仲淹的赏识。庆历时期余靖虽然以谏官的身份对狄青有很多非议，但平定侬智高叛乱彻底折服了余靖，所以余靖曾为狄青代写进呈给宋仁宗的凯旋奏议，撰写了旨在颂扬狄青功绩的《大宋平蛮碑》，在狄青去世之后还声情并茂地为他撰写了墓志铭。因此，包括欧阳修等人对他的污蔑乃至谩骂，并非源自私人恩怨，而是出于维护文官集团对国家领导权的独占需要，是维系崇文抑武的国家体制的必需，用学者的研究结论来说："狄青之被贬逐及死于非命，应归因于北宋最高统治集团内部以欧阳修为代表的文臣群体的'恐武症'。"狄青的功业越盛，官职地位越高，对文官集团的威胁就越大，与国家体制之间的冲突就越激烈，狄青存在的意义已经超出了其个体的范畴，罢免狄青的意义也不限于个人得失。

北宋建立之初为了保证江山永固，在制度上设置了很多措施对武将加以防范。按照这个逻辑而言，狄青应该是宋仁宗本人高度防范与猜忌的对象，但很有意思的是，在罢免狄青枢密使的问题上，北宋最高统治集团内部却表现为皇帝不急文臣急，文臣防范武将的各种用心和手段，都远远超过了最高统治者宋仁宗本人。现存所有材料都显示，狄青之所以屡屡得到朝廷重用，是因为他得到了最高统治者宋仁宗的认可和青睐。早在宋夏战争持续之时，宋仁宗因为狄青战功赫赫，特别想与他面谈而不得，甚至先让人画像一睹其风采，这当中必定有惺惺相惜的成分在。接下来的几年，狄青已经成为了宋仁宗的救火队长，哪里有困难和危机，哪里就有狄青的身影，这是宋仁宗对他信任甚至依赖的最直接证据。后来狄青被委任为枢密副使和枢密使，文臣们反对声音此起彼伏，都是宋仁宗比较坚持，这一切都可以说明宋仁宗对狄青始终是十分信任和倚重的。

宋仁宗之所以对狄青宠信有加至少有以下三个原因：第一，宋仁宗统治期间，宋朝军政弊端已经显露无遗，表现在战场上，文臣外行指挥内行，自己却贪生畏死，呈现在战场上就是不负责任地瞎指挥；武将为了避免被文臣戴上不遵号令之类的帽子，经常能躲就躲，能避就避，呈现在战场上就是怯战避战的现象屡见不鲜，而狄青在战争当中则充分表现出他卓尔不群的军事才能与战争智慧，为赵宋王朝立下了赫赫战功。第二，狄青不仅功勋卓著，而且始终对北宋王朝忠心耿耿，丝毫没有二心。尤其值得强调的是，身为真定府副都部署的他，还借鉴河北路防御契丹的经验来规划西北地区的立体防御工事，就是他对宋朝忠心不贰的最好见证。第三，狄青既是不可多得的将军，同时又是一个非常优秀的统帅。早年在西北战场，狄青曾得到范仲淹的指点，从那之后他就"折节读书，悉通秦、汉以来将帅兵法"，又熟读《左氏春秋》等传统经典，中国古代名将应该具备的智、仁、敬、信、勇、严，以及"三隧""四义""五行""十守"等重要素质，在狄青身上均有完美的体现。

然而，正是狄青这些优秀的素质却遭到了文官集团的莫大反感，成为最高统治集团内部以欧阳修、文彦博为代表的文臣群体必除之而后快的根本原因。也许人们会感到不解：像狄青这样一位深受最高统治者宋仁宗宠信，在多灾多难的两宋历史上屈指可数的名将，为何会成为文臣们的眼中钉肉中刺呢？最为主要的原因，大概是因为在宋仁宗时期，宋初以来历代帝王"抑武""恐武"已经深入整个文臣集团的骨髓。这些文臣揣摩出了北宋立国之策与御将之策的玄机，将高度防范武将尤其是防范那些威望声名皆高的武将，当成了北宋王朝存亡攸关的头等大事。从宋太祖到宋仁宗，北宋最高统治集团的"抑武"经历了一个微妙的发展过程。如果说宋初的

"抑武"还主要表现为帝王的一种阴暗心理,那么从宋太宗后期开始,随着北宋治国方略的改变、宋廷内部政治形势的变化,以及随着宋辽、宋夏关系的演化,如何防范和钳制武将逐渐为所有官僚士大夫心领神会,演变成了整个最高统治集团的核心价值观念。自宋初以来,北宋王朝奉行的重文抑武政策固然有效地巩固了赵宋政权,但也使得北宋最高统治集团内部逐渐形成了武将不如文臣的价值观念和耻于为武的社会风尚。在这种价值观的影响和支配下,北宋的武将不管立下何等丰功伟绩,也始终摆脱不了朝野内外的普遍蔑视与鄙视。这注定了狄青之类的杰出将领无论如何也难以摆脱悲剧命运,而任何忠谨的表现和表白也只是徒增无趣。

更为重要的是,行伍起家、出身低微的狄青在短短十余年间,竟然一跃成为枢密使这样的事实,也与北宋重文抑武的传统国策及由此引发的价值观产生了严重冲突,从而让文臣士大夫们不能容忍。自宋初以来,北宋王朝奉行的重文抑武政策,虽然对巩固宋朝政权的延续立下汗马功劳,但是,这一政策也使得北宋最高统治集团内部逐渐形成了武将不如文臣的价值观念,甚至整个社会也弥漫着耻于为武的风尚,"好男不当兵"之类的俗语就是从宋朝开始的。早在宋真宗统治时期,以从武为耻的观念即已弥漫朝野深入人心。

在这种价值观的影响和支配下,北宋的武将不管立下什么样的丰功伟绩,也始终摆脱不了朝野内外文臣士大夫们的普遍鄙视。当狄青在真定府副都部署差遣任内时,身为一介处士的刘易,居然敢呼狄青为"黥卒";当狄青被提拔为枢密副使时,被文臣同僚甚至是地位低于自己的一般僚属戏称为"赤老"或者"赤枢";当狄青已经当上枢密副使时,资历稍长一点的枢密副使王尧臣戏称他脸上的刺字"愈加鲜亮",这些语言虽可以说是一时没有恶意的玩笑话,但正如俗语说的"所有玩笑话里都藏着真话"一样,这实际上是从心底里透露出文臣士大夫对武将狄青的蔑视。这样的蔑视与地位高低无关,与能力大小无关,与金钱多少无关,与容貌美丑无关,唯一有关系的,竟然是出身是读书科举的"文"抑或沙场征战的"武"。因此,余靖、刘敞、欧阳修等人在他们的奏疏中频频使用一些粗俗、鄙薄的词语攻击狄青,这实际上是北宋王朝弥漫朝野的价值观念的集中体现。

综上所述,一代名将狄青冤死陈州是北宋专制制度运作的必然结果,但狄青的个人悲剧与"文忠公"欧阳修的三次论奏有着直接关系,这是不可抹煞的事实。当然,欧阳修也不过是宋代专制制度网络上的一粒棋子而已。在这个意义上讲,狄青之死固然令人痛惜,而积极制造狄青悲剧的欧阳修、文彦博等人,实际上也是另一类型的悲剧角色。真正值得深究与反思的,是北宋专制制度的运作何以造成了这种奇特的文臣与武将之间的关系,以及这样扭曲的文武关系如何应对周边少数民族政权的冲击。弄清了这些问题,就清楚了发生于两宋不同时期的对少数民族的战争虽各有其特点,但宋王朝基本上处于被动挨打、穷于应付的地位,并不是偶然现象,而是必然结果。这样的必然,对于宋仁宗朝狄青、宋太宗朝杨业以及南宋高宗朝的岳飞等优秀将领来说,生在这个时代,是个体小历史无法对抗整个大历史的悲剧。

第八章

◎

狄青的后嗣与身后之事

一、家族发展难超三代

狄青嘉祐二年（1057）去世，享年50岁。在他的墓志铭和神道碑中，都记载了他的婚姻关系，但两者的书写稍有区别。余靖在狄青墓志铭中写道："公娶魏氏，封定国夫人。五男：长谘，西上阁门副使；次咏，东头供奉官、阁门祗候；谡、谏皆内殿崇班；说，东头供奉官，不幸以夭。二女：许嫁而未行。孙璋，左侍禁；璹，尚幼。"王珪在狄青神道碑中写道："公娶魏氏，封定国夫人。六男：长曰谅，殿班奉职，蚤卒；次曰谘，西上阁门副使；次曰咏，内殿崇班、阁门祗候；次曰谡，内殿崇班；次曰说，东头供奉官；次曰谏，内殿崇班。说、谏蚤卒。二女，许嫁而卒。孙曰璋，左侍禁；曰璹，尚幼。"在狄青墓志铭和神道碑中，都明确说明了他的妻子魏氏，但并没有写明魏氏是哪里人以及她的祖父或父亲是谁，这应该是有所隐晦的。在男性墓主的墓志铭和神道碑这种特殊文体中，若妻子出身名门，一般会有一段说明性的语言加以突出。例如，范仲淹在王质（1001—1045）墓志铭中写道，他的妻子周氏，是礼部侍郎周起（970—1028）的女儿，被封为褒信县君。"唐宋八大家"之一的苏轼在撰写张方平（1007—1091）墓志铭时，称张方平"娶马氏为妻，是太常少卿马绛的女儿"。同为"唐宋八大家"之一的苏辙（1039—1112）在撰写欧阳修神道碑时称，欧阳修第一次娶胥氏为妻，是翰林学士胥偃（983—1035后）的女儿；胥氏去世之后，第二次娶杨氏为妻，是集贤院学士杨大雅（965—1033）的女儿；杨氏去世之后，第三次娶薛氏为妻，是资政殿学士薛奎（967—1034）的女儿。余靖在为同乡黄仲通（986—1059）写墓志铭时，甚至还提到了黄仲通的妻子刘氏的哥哥是太常少卿刘赛，等等。狄青墓志铭和神道碑中不写魏氏的先世和籍贯等，我们大概可以推测她的出身和狄青差不多，绝对不是名门之后。后世的故事当中讲狄青曾经娶了单单国的八宝公主，纯属子虚乌有的杜撰。

狄青墓志铭和神道碑中，他的儿子有"五个"和"六个"的区别，不过仔细琢磨，两者并不矛盾。余靖在狄青墓志铭中写他有五个儿子，分别是狄谘、狄咏、狄諲、狄谏和狄说。王珪在狄青神道碑中写他有六个儿子，分别是狄谅、狄谘、狄咏、狄諲、狄说和狄谏，而且王珪还明确说明了，狄谅作为长子已经很早去世，所以余靖在墓志铭中省略了狄谅，以次子狄谘为狄青的长子。而且从两个记载中还能看出，嘉祐二年（1057）狄青去世时，狄说和狄谏也已经不在人世。在世的儿子仅剩下狄谘、狄咏和狄諲三兄弟。

狄青去世时，他的两个女儿已经许配人家但尚未完婚，根据王珪撰写的神道碑可以看出，他的两个女儿在狄青去世后不久先后死亡。狄青去世时，已经有狄璋和狄璹两个孙子。在狄青墓志铭中还说到了他的兄弟和从兄弟的子嗣情况："同产兄素，右班殿直。兄子五人：询，左侍禁、阁门祗候；诜，左班殿直；谭、谆、诎皆左侍禁。从父兄靖，右班殿直；其子详，右侍禁。"从这条记载可以看出，狄青的哥哥狄素官为右班殿直，应该也是因为狄青而封的官，但我们无法考证这个时候狄素是健在，还是已经去世。狄素有五个儿子，分别是狄询、狄诜、狄谭、狄谆和狄诎。狄青的堂兄狄靖官和狄素一样为右班殿直，他的儿子为狄详。不过，狄素和狄靖以及他们的子嗣，除了狄青墓志铭中的这条记载之外，传世文献当中仅仅有一条和狄询有关的材料。王安石在给狄询写迁升官职的制书中道："敕狄询，你是名臣之后，在边境地区任职五年有功劳，按照规定升迁一官。"所有文献当中再难寻觅狄素等人的踪迹，所以我们关于狄青后代的叙述，仍然只能循着他的儿子狄谘和狄咏展开。

狄谘和狄咏在《宋史·狄青传》中一共只有13个字："子谘、咏并为阁门使，咏数有战功。"所记相当简单，而且称狄谘和狄咏官都做到了阁门使，并不准确。有关狄青后嗣的情况，何冠环教授作了相当细致的研究，根据他的研究我们可以大致总结梳理一下。

狄谘字君谋，狄咏字子雅，他们兄弟二人第一次出现在文献当中是皇祐五年（1053）狄青平定侬智高之后的封赏，但他们二人是否参与狄青南征，完全没有史料记载。何冠环教授根据这次封赏推测，狄谘和狄咏兄弟二人跟随父亲狄青参与了这次平叛任务，他们最重要的工作是担任父亲的近身护卫，以及担任传报机密军情的使者，所以他们后来受到的重赏，绝非无功受禄。这其中有一定的合理性，不过考虑到当时宋仁宗想封狄青为枢密使，而被庞籍拒绝，在交涉无果的情况下，宋仁宗专门问庞籍："如果不任命狄青为枢密使，能否迁升他儿子的官职呢？"庞籍爽快答应。所以用封二子官爵、赐京师开封宅邸作为补偿狄青不能封枢密使的遗憾，是宋仁宗亲自定下的，从这个意义上看，即便狄谘和狄咏没有直接参与平叛，这样的封赏也不过分。反过来说，假若狄青二子参与了平定侬智高的工作，大胜归来的封赏是理所当然的，没有理由宋仁宗还要再和宰相庞籍沟通和确认。通过这样的推测，笔者个人更倾向于狄谘和狄咏当时留在开封，并没有和狄青一起参与平叛侬智高。

另外，余靖和王珪都提到一件事，那就是狄青在平定侬智高时母亲侯氏年事已高，身体经常出问题，狄青告诫家人一定不要告诉老太太他去打仗了，免得她老人家担心。若老太太问及最近他去了哪里，就说皇帝命令他去江南出个公差，很快就回来。这则信息反映了狄青非常孝顺，在这样的情况下，把狄谘和狄咏两个孙子留在奶奶身边，或许能部分缓解老太太想念儿子的心情。当然，这些都是没有任何根据的揣测，聊备一说而已。

在狄青任职枢密使的三年多时间内，狄谘兄弟和父亲一样一直保持谦逊低调，所以很少有相关记载。另外，在文臣找各种理由和借口攻击狄青要求罢免他枢密使职务时，也没有任何狄谘兄弟仗势欺人等落下口实的不法行为。这一点和宋仁宗初年罢黜枢密使曹利用时有天壤之别。天圣七年（1029）刘太后罢免曹利用的一个导火索，是赵州平民赵德崇到京师开封击登闻鼓告御状，告发曹利用哥哥的儿子，也就是他的侄子曹汭喝酒之后穿上黄色衣服，让几个军士称呼他为"万岁"，这样吊儿郎当的"官二代"无疑是家族崩溃的定时炸弹。而枢密使狄青被罢免时，只能找一些捕风捉影的事情加以诬陷，父子个人作风没有出现任何问题，也能从侧面反映出狄青为人谨慎，教子有方。

狄谘和狄咏在宋仁宗后期和宋英宗朝的事迹不详，宋神宗之后他们在政治舞台上的身影逐渐增多。他们虽然不像父亲狄青一样具有超群的武艺和能力，但基本上能在自己的岗位上恪尽职守，打下属于自己的一片天地。

狄谘熙宁元年（1068）曾经被宋神宗召见，之后可能一度出任邢州知州，何冠环先生根据他和强至的通信，判定时间大概在熙宁二年（1069）年底或者熙宁三年（1070）年初。还朝之后的狄谘一直在宋神宗身边，熙宁五年（1072）六月王安石曾经因阁门礼仪出错要处分狄谘，宋神宗批示狄谘只是偶尔失误，免予处分，这应该是狄谘平日行事谨慎低调的善报。熙宁十年（1077）宋廷任命狄谘作为内臣王中正的副手提举教习马军，负责训练宦官和京师禁军马军。在训练马军差遣上，狄谘不单单负责日常训练，而且还注重马军武器装备的改良以及人事制度改革。在武器装备改良方面，狄谘曾经和王中正反复试验常用的白桦皮长弰弓和随弓长箭，以及新制造的黄桦阔闪弓和随弓减指短箭之间的效能优劣，试验内容包括同样使用一石一斗力两种不同弓射箭的远近，射中物体刺入深浅，箭的射出速度等各项指标。通过试验他们一致认为新造黄桦阔闪弓性能更加突出,所以向宋神宗建议马军当中用新造黄桦阔闪弓全面代替白桦皮长梢弓。在人事制度改革方面,狄谘和王中正向宋神宗建议,选择禁军补充上四军,上四军亲从官、骑御马直小底补充诸班直,诸班直补充十将,以及将虞候、长入祗候并转班的军士,在这些禁军兵士身份转换过程中,除了按照以前的选拔标准测试之外,他们在使用弓箭时需要在原来基础上加开三斗才能符合现有标准。这样认真钻研业务的态度令宋神宗十分满意,所以在元丰元年(1078)八月,曾经派狄谘以贺契丹国主生辰副使的身份出使契丹。

元丰二年(1079)十一月,宋神宗决定强化保甲的军事训练,在颁布《府界集教大保长法》的同时,委派训练马军相当出色的昭宣使、果州防御使、入内副都知王中正和东上阁门使、荣州刺史狄谘为提举官,兼任提举府界教保甲大保长,负责开封府下辖22个县的11个教场共计2825人的军事训练工作。在此后的数年当中,虽有一定的波折,但由于有宋神宗的强力支持,狄谘一直在训练保甲工作上倾尽全力,成为深化保甲法的最重要执行者,一直到宋哲宗即位之后全面废除保甲法为止。

元祐元年(1086)闰二月蔡确和章惇先后被罢黜宰执,宋廷由高太后和司马光等主持全面废除新法,在此情况下狄谘被波及是在所难免的。三月狄谘被弹劾,授予提举西山崇福宫,赋闲数年。在之后的岁月中,因高太后有意立狄谘之女为宋哲宗皇后,元祐六年(1091)狄谘曾一度获得馆伴契丹贺高太后生辰使者的优差,但这样的优待随着狄氏没能当上皇后未能得到延续。而且,可能是由于身体情况不尽如人意,即便是宋哲宗重新起用新党绍继宋神宗事业的时候，也少有狄谘的身影，包括宋哲宗想恢复保甲法，似乎也没有咨询狄谘。元符三年（1100）四月，狄谘在宋哲宗病逝三个月后，悄然离开人世。

狄青次子狄咏被人熟悉最主要原因之一是颜值高。范公偁在《过庭录》当中记载，宋神宗女儿在宋哲宗朝求驸马，哥哥宋哲宗非常重视，文武臣僚在百官家中寻找容貌端正的青年才俊反复推荐，宋哲宗都不满意。宰执大臣有一次询问宋哲宗心仪的驸马大概是个什么样子，宋哲宗回答说："比照着带御器械狄咏那样的。"从此之后狄咏被天下人称为"人样子"，亦即美男子的模板。而实际上，与哥哥狄谘相比，狄咏才是那个长期驻扎边境、真正子继父业的人，他在宋神宗熙宁五年（1072）前后，已经作为秦凤路陇州知州任职边地。熙宁五年（1072）王韶开边熙河时，狄咏作为后勤支援保证了前方部队的粮草军需充足，因此得到了宋神宗的嘉奖。

熙宁七年（1074）宋朝取得了熙州和洮州之后，打算继续向西进军，目标是攻破少数民族木征。宋朝在鄜延路、环庆路和秦凤路征调军士一万七千人集结前往，当时曲珍统率鄜延路军士，林度统率环庆路军士，狄咏统率秦凤路军士。三月九日大军出发，一路所向披靡，完全达到了既定的战略目的。宋神宗大喜过望，大赏军士，主帅王韶被提拔为观文殿学士、礼部侍郎，副帅燕达被提拔为西上阁门使、英州刺史。狄咏因率领军队渡过洮河击杀蕃部，打通了河州道路，从如京副使超升为皇城副使，依旧兼阁门通事舍人。八月，王韶再次向宋神宗上疏强调狄咏功劳大而赏赐薄，请求追加赏赐，于是宋神宗提拔他为西上阁门副使。熙宁八年

（1075），狄咏曾短暂调任宋朝防御契丹的最前线广信军做知军，很快由于守备不严格遭遇契丹军队袭击的过失，被罚铜20斤，之后被调到利州路任兵马钤辖，时间大概在熙宁八年（1075）底或熙宁九年（1076）初的样子。

狄咏出任利州路兵马钤辖可能和地处茂州的少数民族频频作乱有关。茂州隶属于成都府路，下辖少数民族人口占绝大多数的9个羁縻州，熙宁五年（1072）之后，这些少数民族成员和地方政府官军屡屡冲突摩擦，而且动作越来越大，熙宁九年（1076）甚至攻击宋朝的茂州、鸡宗关等地，在地方驻扎禁军无力处置的前提下，宋廷委派内侍押班、西作坊使、嘉州团练使王中正带领陕西军士千余人前往四川平定叛乱。狄咏在这次平定蕃部叛乱过程中表现突出，尤其是攻取茂州一战中，依稀看到了其父狄青在西北战场与西夏作战的影子，他克服地形险峻、环境恶劣等各种困难，冒着少数民族部众的强力阻击，身先士卒奋勇杀敌，终于平定了这次叛乱。在立功表彰大会上，狄咏从西上閤门副使迁升三官为客省副使，并且允许他一年之后迁为西上閤门使。

元丰四年（1081）狄咏被任命为提举永兴、秦凤等路义勇、保甲兼提点刑狱的差遣，官也从西上閤门使升迁到东上閤门使，他之所以被升迁，应该和兄长狄谘在保甲事务上推进顺利有较大关系。狄咏在任内也能恪尽职守，他曾经果断处决了谋划杀害监督训练保甲使臣的保甲教头丘简、张旦。狄咏在训练保甲的差遣上并没有待太长时间，随着宋朝和西夏战争再度升级，他八月初一被任命为权环庆路副总管，随着宋朝五路进攻西夏的失败，狄咏在其中虽然有过奋斗但无力回天，也免不了背上若干处分。元丰七年（1084）他又重新在陕西训练保甲，一直到宋哲宗即位之后全面废除保甲法为止。

元祐二年（1087）二月，韩琦长子礼部尚书韩忠彦，被任命为枢密使学士、知定州兼定州路安抚使，而狄咏在此前后也获得了定州路安抚副使的差遣，成为韩忠彦的副手。历史何其相似，40年前的宋仁宗庆历八年（1048），韩琦知定州兼河北路安抚使时，狄青是他的副手。父子二人同样职务且同样关系良好，在宋人眼里实在是一段佳话。在此之后传世文献当中狄咏事迹逐渐消失，或许跟当时党争有较大关系。

狄青家族第三代，传世文献上能够留下姓名的只有狄璋、狄璹、狄瑾、狄瓛、狄琉和狄琥等数人，不过他们的生卒年、父子关系等因材料实在太少，想要梳理清楚比较困难。狄青家族第三代当中，狄璋曾经跟随父亲狄谘训练保甲，得到过朝廷奖励。狄瑾是唯一一个在《元祐党籍碑》中榜上有名的人，被评定为"邪中"。狄瓛徽宗朝曾因为出使时轻慢朝廷典章制度，遭到降官勒停的处罚。狄琉在靖康元年（1127）为并代云中等路廉访使，金兵攻陷太原时战死，被南宋朝廷追赠为武功大夫、贵州刺史。狄琥在绍兴五年（1135）时官为武经大夫，因他自己向宋高宗说自己是狄青孙子，宋高宗就任命他主管江州太平观这一悠闲差事。

狄青家族第四代已经没有人在传世文献当中留下痕迹。第五代中有狄似和狄傛两人留有只言片语。狄似的记载出现在南宋人周煇的《清波杂志》当中，周煇说狄似是他在建康居住时的邻居，曾经向他展示过狄青平定侬智高时所戴的铜面具以及身上的佩牌，佩牌上还刻着龟蛇合体的真武像。

另外，周煇还在狄似家中看见过狄青罢职枢密使，以使相判陈州时的委任状，宋朝官方术语叫作"告身"，使用非常精美的五色金花绫纸17张组成，以犀牛角为轴装裱，放置在晕锦褾袋当中。从这条记载中大体可以了解到，虽然狄似有没有以何种方式进入仕途无法考证，但他居住在建康时家境应该比较殷实。与他相比，狄俫的生活可以说是相当拮据了。根据洪迈《夷坚志》当中的记载，狄青曾孙狄俫得到了北宋易学大家费孝先的《分定书》加以研习，在南宋都城临安以占卜作为职业。

狄青以身份低微的农家子起家，做到宋代炙手可热的枢密使，是他们家族最为兴盛和荣耀的时刻，用现在流行的话说叫"出道即巅峰"。狄青家族第二代狄谘和狄咏，在宋神宗和宋哲宗朝国是反复、新旧党争的夹缝当中顽强生存，算得上不愧对祖宗。若说家族的第三代还能勉强维持的话，第四代之后则基本上难以为继，成为宋代之后家族"富不过三代"的一个较好样本。他们能够留下的，只有后世传颂的狄青传奇故事。

二、身后之事精彩纷呈

狄青嘉祐二年（1057）去世之后，宋仁宗大为震惊，下诏两天不上朝以表示缅怀，在后苑焚香哀悼，赠狄青中书令，封狄谘为西上阁门副使，狄咏为内殿崇班、阁门祗候，狄谡为内殿崇班，狄青长孙狄璋为左侍禁。同时，宋仁宗下诏狄谘兄弟护送狄青灵柩暂且归殡京师开封，并特别给予鼓吹、旌辂等高规格的仪仗队伍。当狄青灵柩从陈州运送到京师开封之后，宋仁宗于四月二十一日亲自上门吊唁，沉痛之情溢于言表。狄青的继任者，也是当年在西北战场一手提拔狄青于行伍之中的老上司韩琦为他写了一篇声情并茂的祭文，字数不多却极具分量："维嘉祐二年岁次丁酉，四月丙午朔，十六日辛酉，具官某，谨以清酌庶羞之奠，致祭于故相狄公之灵：惟灵忠孝沉厚，出于天资。威名方略，耸于塞外。入登枢府，盖旌勋劳。出殿辅藩，聊遂偃息。何五福所钟，而不与其寿。一人所悼者，未尽其才。某向处边垂，公实裨佐。自闻倾丧，日极哀怀。兹承已择良辰，权厝净宇，敢凭薄酹，少致哀诚。魂兮有知，谅垂歆监。尚飨！"韩琦感情真挚的祭文，高度概括了狄青一生的人品和功绩，以及两人之间的关系。在这样的基调下，对狄青攻击乃至罗织罪名者都销声匿迹。

嘉祐三年（1058），狄谘兄弟将权厝京师开封的父亲灵柩归葬汾州西河县太平乡刘村里，宋仁宗下诏狄青灵柩所过州县，在整治道路和提供车马等方面提供便利。嘉祐四年（1059）二月，经过朝廷商议，赐狄青谥号"武襄"。根据苏洵（1009—1066）的《谥法》可以推测宋廷对狄青盖棺论定的评价。《谥法》当中，"武"分为六种，"威强睿德曰武，刚强以顺曰武，辟土斥境曰武"。根据这六种"武"的定义，能用在狄青身上的至少有"克定祸乱、保大定功和折冲御侮"这三种。《谥法》当中，"襄"分为两种："辟土有德曰襄，因事有功曰襄。"苏洵进而解释道："刘熙说，襄的意思是除。除灭四方夷狄得到他们的土地，就是襄的含义。"所以这两种含义均可以用在狄青身上。"武襄"谥号对于狄青而言，是生平功绩得到宋廷认可的一种标志。在赐谥号的同时，宋仁宗还下诏加赠狄青中书令，同时敕令翰林学士王珪为狄青撰写立于墓外的神道碑，宋仁宗亲自写神道碑的碑额"元勋"二字,让后人永远敬仰和悼念狄青。

宋仁宗命翰林学士撰写狄青神道碑,并亲自撰写神道碑碑额,以及赠予美谥等一系列操作,很明显地表露出让狄青功业得到最大限度彰显的意图。在此情况之下,狄谘就可以大张旗鼓地宣扬父亲狄青的功绩勋劳。狄谘对兄弟们说道:"我们父亲平定侬智高的功绩,由余侍郎撰写、竖立在桂州的《大宋平蛮碑》记载最为详细准确,天下人无论何种原因经过桂州,都要去瞻仰膜拜。然而,桂州距离汾州千里之外,汾州家乡文人士大夫乃至田野村夫,都特别想目睹这一记功碑文而不得。现在我们若是将余侍郎撰写的《大宋平蛮碑》重新磨勒上石,竖立在父亲坟前奉亲显庆寺中,和圣上御撰碑石并立,一定能够让父亲的功业事迹流传更为广泛。"对于长兄的绝妙建议,兄弟们都非常赞成。嘉祐五年(1060)九月,狄谘等重新命人将《大宋平蛮碑》刻石立于狄青坟前,同时邀请当时汾州通判、屯田员外郎谢景初(1020—1084)撰写《汾州别立大宋摩崖碑文记》,把汾州竖立《大宋平蛮碑》的经过详细叙述,用来纪念这件事。

狄谘兄弟的一片孝心没有白费,狄青身后名声随着时间推移越来越得到尊崇,甚至台谏官员已经把狄青作为武臣为枢密使的正面例子来攻击他人。宋英宗治平三年(1066),知谏院邵亢(1011—1071)、御史吴申(?—1066后)上疏论奏郭逵(1022—1088)能力不足以充任枢密使时,他们强调指出:"以前我大宋任命枢密使,文臣武将都有可能充任。武将当中曹彬父子、马知节(955—1019)、王德用、狄青等,他们的功劳都是天下人交口称赞的。"已经公开承认出身低微的狄青与出身贵胄之家的曹彬、马知节、王德用等有相同的地位和功业了。

宋神宗少年即位,一扫宋真宗、宋仁宗和宋英宗时期对周边少数民族被动的防御政策,他想征服辽、夏两个少数民族政权,建立像汉唐帝王那样的丰功伟绩,所以他即位之初就向狄青家族表示友好和亲密的态度。熙宁元年(1068)四月,宋神宗在延和殿召见当时已经官拜西上阁门使的狄谘,在君臣就日常公务对话之际,宋神宗对狄谘父亲狄青的功绩大加赞赏,并进而咨询狄谘是否有朝廷所不知道的狄青平定侬智高期间的秘事,或者狄青是否有存留相关的文字,狄谘随即把平日珍藏的父亲归仁铺一战的战阵图和余靖所写《大宋平蛮碑》拓本进呈宋神宗。宋神宗看了之后叹息良久,感慨道:"思云台之故将,今不复见矣!"宋神宗这里用了"云台二十八将"的典故,指的是汉光武帝刘秀麾下帮助他一统天下重兴汉室江山,建立东汉政权过程中功劳最大、能力最强的二十八员大将,他这里的意思很明显,一方面被狄青能力和功业所折服;另一方面对手下没有类似英勇的良将而惋惜。宋神宗马上派遣昭宣使、入内内侍押班张若水前去祭拜狄青,并且亲自为狄青撰写祭文来褒扬他的功业卓著,现收录在南宋吴曾《能改斋漫录》当中,引录全文如下:

惟天生贤,佑我仁祖。沈鸷有谋,重厚且武。
昔居校联,功名自喜。既登筹帷,益奋忠义。
惟是南荒,有盗猖獗。陵轹二广,震惊宫阙。
群公瞻顾,莫肯先语。惟卿请行,万里跬步。

首戮骑将，大振吾旅。金节一麾，孰敢龃龉。

遇贼于原，亲按旗鼓。彼长排枪，我利刀斧。

马驰于旁，捣厥背膂。驱攘殪毙，如手探取。

奏功来朝，遂长右府。旋升外相，均逸邦畿。

如何不淑，早弃盛时。逮予纂服，弗睹音仪。

因览遗略，又观绘事。缅怀风徽，感叹无已。

遣使临奠，用旌前劳。灵而有知，当体兹意。

　　宋神宗声情并茂地写下祭祀狄青的文字，从而激励更多武臣效仿狄青在战场上建功立业。宋神宗对狄谘说："看到狄枢密的遗像之后，仰慕不已，大恨自己没有能够认识狄枢密。这样优秀的人才，听说在当时竟然有人向仁宗皇帝进言中伤，实在难以置信！朕听了这些消息之后，万分心痛呀！"有了宋神宗的肯定，狄谘很快让人把宋神宗御撰的狄青祭文刻石竖立在狄青墓前，以示荣耀和缅怀。

　　熙宁二年（1069）正月，狄谘再请狄青故吏郑纾之子、当时的翰林学士郑獬（1022—1072）为宋神宗御撰祭文写序。狄青平定侬智高时，郑纾曾一同前往，任第二将管勾机宜，狄青还曾经向宋仁宗推荐郑纾，所以两家关系应该比较密切。郑獬肯定很能理解狄谘为父亲平反，以及光大父亲功业的心情，所以他在《御制狄公祭文序》中说道："狄青解甲还朝时，很多人拿无中生有的事情攻击他，当时的狄青百口莫辩郁郁而终。现在圣上亲自撰写祭文为狄青平反，他的功绩事业定能传之久远，不可磨灭。"而且，序文中还强调指出，宋神宗之所以如此，是希望"现在的文官武将读到了祭祀狄青的序文，能够在敬仰膜拜的同时反思自己，考虑为国家枕戈寝甲，在思想上和行动上时刻准备好效命疆场，建功立业"，借宋神宗的御笔不仅仅说出了狄家对狄青郁闷致死的郁郁之气，而且还将狄青的形象升华到一个新的高度。狄青个人的英勇果敢形象，经过宋仁宗和宋神宗两代帝王的肯定得到最终确立，后世官方的狄青形象以及《宋史》等官方正史的评价，都是在这个基础上展开的。

宋代之后商品经济大发展，各类商业性都市乃至市镇越来越多，市民阶层随之产生。为了满足市民阶层日常娱乐活动，都市当中出现了专门的娱乐演出场所"勾栏瓦肆"；民间说唱文学、说书话本等各种各样的艺术形式在这个时期也有较大发展。在此期间，狄青作为一个具有传奇色彩的人物，地位由卑微到显达的转化，生活由贫贱向富贵的跨越已经超越个人，成为一种王侯将相可以由奋斗而得到的象征和标志。这种由贱入贵的可能性时时刻刻触动着普通民众的敏感神经，是一种长盛不衰、为民众喜闻乐见的故事题材，具有较高的文学创造价值。所以宋元时期以狄青为主角的话本、杂剧多有出现。

在现存的宋金话本名目当中，以狄青为主角的有《收西夏》和《说狄青》两篇，话本具体内容虽已经无从寻找，但可以大体猜测。《收西夏》的题目可以很明确其中的内容所指，是狄青在西北战场抵御西夏并从基层优秀士兵逐渐成长为独当一面的著名将领的过程。《说狄青》则应该是狄青重要事迹的精华版合集。元代杂剧当中的狄青故事至少有三种，《狄青扑马》

和《刀劈史鸦霞》与宋金两部话本一样已经亡佚不存。有关《狄青扑马》的内容，学者们有两种不同观点，一种是认为"扑"字应该解释为赌博，亦即狄青赌马，应该是年少的狄青靠赌马为生，或者他和这一行业的人有交涉。另一种观点认为扑和"缚"的意思相通，是降服的意思，这个剧大概讲的是青年时代的狄青降服烈马的故事。考虑到狄青年轻时服役的拱圣营是禁军中的马军部队，笔者个人更倾向于这个杂剧的主要内容是和狄青驯服和降服烈马有关。关于《刀劈史鸦霞》的内容，很少有学者猜测，笔者个人对于这个杂剧有自己的理解。史鸦霞其人姓名不见于传世文献，绝对不是什么知名人物，狄青既然是"刀劈"史鸦霞，说明史鸦霞被杀之前两人曾经有过打斗，结果是史鸦霞被杀，按照宋朝的刑法规定，斗殴杀人是要偿命的，所以狄青这次犯的是死罪。结合我们之前写作的狄青生平经历，他曾经是西河县里的恶少年，因犯下某种不可饶恕的过错导致当地知县准备严惩，所以才匆匆忙忙逃命到京师开封寻求出路。

综合来看，杂剧《刀劈史鸦霞》讲的应该就是参军之前的狄青故事，而且恰好可以弥补宋代文献当中的若干模糊记载，能够反映出杂剧编纂者构思是非常巧妙的。元代唯一保存下来的关于狄青的杂剧是《狄青复夺衣袄车》，主要写的是狄青在宋夏战场上还是一个禁军指挥使时的一段曲折经历。狄青奉范仲淹的命令押送军衣去犒赏前线士兵，途中因贪杯使得犒赏前线的衣物全部被西夏军士劫掠。在范仲淹命令下，刘庆和戴罪立功的狄青成功夺回军衣，却又遭到同僚黄轸的诬陷，一波三折之后范仲淹了解真相，下令处死黄轸，加封狄青为征西都招讨金吾上将军。这个故事当中，一个武艺高强、勇于担当而又大意贪杯的狄青栩栩如生，人物形象更加丰满，也更为符合普通人的现实生活。

明代是狄青故事传播与接收的低谷期，没有一部专门以狄青为主要角色的故事，更多的是其他故事当中的配角甚至反面角色。同时，明代文学作品中的狄青形象逐渐两极分化，出现了明显的褒贬不同。如四大名著之一的《水浒传》开篇就说到了宋仁宗和包拯、狄青的联系："这仁宗皇帝，乃是上界赤脚大仙。降生之时，昼夜啼哭不止。朝廷给出黄榜，召人医治。感动天庭，差遣太白金星下界，化作一老叟，前来揭了黄榜，能治太子啼哭。看榜官员引至殿下，朝见真宗天子。圣旨教进内苑，看视太子。那老叟直至宫中，抱着太子，耳边低低说了八个字，太子便不啼哭。那老叟不言姓名，只见化一阵清风而去。耳边道八个甚字？道是：'文有文曲，武有武曲。'端的是玉帝差遣紫微宫中两座星辰，下来辅佐这朝天子。文曲星乃是南衙开封府主龙图阁大学士包拯，武曲星乃是征西夏国大元帅狄青。这两个贤臣，出来辅佐。"已经将狄青和包拯相提并论了。

明代中后期出现的两部有关狄青形象的小说，一部是《包龙图判百家公案演义》，另一部是《杨家府演义》，这两部小说都不是以狄青为主要角色的，而狄青在两部小说当中的形象也不完全一样。《包龙图判百家公案演义》当中狄青的形象有褒有贬，第四回《止狄青家花妖》、第四十九回《当场判放曹国舅》和第五十八回《决戮五鼠闹东京》当中多处涉及了他。其中既有狄青平定侬智高期间将花妖误认为绝色女子纳为小妾的错误判断，也有杨文广、狄青成功平定边境叛乱的壮举，因为这部小说意在突出包拯的神明和光辉形象，诸如狄青这样的配角能有这样正负参半的形象，并不意外。《杨家府演义》当中狄青的形象完全被污名化，甚至被列入奸人行列。《杨家府演义》中描写狄青率领军士平定侬智高叛乱但仓皇落败，万不得已之际朝廷派出杨宗保等杨家将前往前线，取代狄青成为了征伐侬智高的大元帅，这一事件引起了狄青强烈的不满，从此怀恨在心处处算计。甚至，小说当中还极度丑化狄青谋划用计策诛杀杨宗保，假公济私参奏杨文广，对杨家将的诬陷和迫害无所不用其极。从前述我们考察的历史真实情况看，侬智高叛乱时杨家将前后都有参与，前有杨畋平叛不力，后有杨文广作为狄青的偏将一马当先。不过，《杨家府演义》中却把这一切归功于杨家将，而把狄青描写成一个既没有军事才能却又嫉妒贤臣的奸臣形象，这显然是不符合史实的。为什么会有这样的书写，可能是民间意识当中杨家将的形象深入人心，而一山不容二虎的世俗思维只能把北宋所有开疆拓土、平定战乱等功业都涂抹附会到杨家将身上，其他武将只能以平庸颟顸、嫉贤妒能的形象出现。

清代狄青故事进入了中国古代最为丰富的时期，共计出现了四部以狄青为主要角色的章回体小说，分别是《万花楼杨包狄演义》《五虎平西前传》《五虎平南后传》和《后宋慈云走国全传》。这四部作品一改明代人在《杨家府演义》当中编造随意的戏说态度，在综合历史事实、民间传说、话本杂剧的基础上，将狄青故事做了系统的梳理和融合，成为了一套相当壮观的狄青故事四部曲。

《万花楼杨包狄演义》很多书籍中或写作《万花楼演义》，全书共六十八回，编纂者李雨堂。《万花楼演义》把狄青征战、包拯断案和杨家将英勇事迹等融合在一起，以多线条的叙述模式展开叙述。有关狄青的部分，小说把农家出身的狄青描写成一个出身武将世家而家道中落的优秀子弟，随着时间发展他逐渐从一个鲁莽的愣头青少年成为一个做事谨慎的大英雄。小说中历史上狄青英勇善战、屡战屡胜的特征在很多虚构的战事当中一一落实，又改造了狄青小心谨慎的性格特征，从而塑造了一个艺高胆大、志向宏伟的常胜将军形象。《五虎平西前传》共一百二十回，编撰者不详。就故事内容而言，它往上衔接了《万花楼演义》，朝下开启了《五虎平南后传》，小说讲述了以狄青为首的五虎将兵伐西辽、捍卫宋室江山的战斗故事。小说中通过两条线索展开，一条是外征西辽，另外一条是内除国奸，其中还提及了狄青与单单国八宝公主的婚姻等内容。《五虎平南后传》，一共有六卷四十二回，编撰人不详。作品记叙了在五虎将平西归来之后南蛮王侬智高发动叛乱，狄青奉旨带领五虎将前去平定南蛮叛乱的故事。经过几次波折之后，最终取得了战争的胜利。狄青部队得胜归朝，众将领受到封赏。《五虎平南后传》着重表现五虎将与杨家将协力平定战乱的经过，弱化了忠奸斗争。《后宋慈云走国全传》主要写狄青的后代狄龙、狄虎辅佐慈云太子最终登上皇帝宝座的事情。

随着时代越来越远，历史人物的生平事迹、奇闻逸事经过文人士大夫的笔端，经过普通民众的口耳相传，其中有丰富，有删减，有附会，更有演绎，两条线索在历史长河当中最终交汇融合，成为普罗大众的集体记忆。

后　记

行文至此，对狄青一生的总结概括暂时告一段落。感谢耿元骊老师的提携和帮助，才有了这次写作通俗历史读物的初尝试。在接到任务之后，耿老师就把任务逐一分解并按时"批改作业"，看似可以完成的任务，在拖沓散漫成性的我这里，时时感到手忙脚乱，以至于一拖再拖。感谢耿老师和辽宁人民出版社蔡伟先生的包容，虽花式催稿不断，但还是让我在截止日期很久之后悠然完稿。

总体而言，写作的过程是有些艰难的。这样的艰难除了个人散漫成性之外，至少还来自于两个方面：一方面是资料的限制。狄青的一生，在重视文教、以文驭武的宋代实属异类，虽然绝对算得上一代名将，但资料少且集中，存在一个故事在数种笔记小说中反复被提及的现象。除了墓志铭、神道碑和宋史的传记外，20岁之前的记录只有一条不足100字的内容，20岁到30岁之间的记录只有百余字的内容，真正能够关联他生平事迹的资料，可能只有万余字，这在动笔之前是万万没有想到的。这对于活了50岁、官至宋代"国防部长"的狄青来说，似乎绝大多数时间是被历史记录者"遗忘"的一个人，他个人估计也是万万没有想到。另一方面是个人学力的限制。回顾自己这些年的学习和研究，虽然也尝试考察过诸如八大王赵元俨、台谏官员孔道辅等的生平履历，而且稍微多地接触过历史人物生平信息较为集中的墓志碑铭，但真正深入一位宋代职业军人的生命历程才发现，关于宋朝武官、武将、军职，以及军法军令、统兵体系等的知识储备实在欠缺，动笔即错，不得不写了再删，删了再写。

在这艰难的写作过程中，必须感谢前辈学者在宋代政治、法律、科举和军事制度、宋夏关系、宋代历史地理、宋代基层社会、宋代民族关系，以及很多和狄青直接相关领域的扎实研究，由于是一本不加注释的通俗读物，无法一一说明哪些观点得自哪位前辈，但他们的宏文大著，是笔者在串联狄青故事时的救命稻草，只能把前辈学者的大名放置于此，以示感谢。在写作过程中，至少参考了安国楼、包伟民、白耀天、陈峰、程民生、陈振、戴建国、刁培俊、邓广铭、邓小南、范宏贵、范学辉、龚延明、郭洋辰、郭振铎、何冠环、扈晓霞、黄金东、李昌宪、李贵录、李华瑞、李裕民、罗家祥、刘复生、刘双怡、廖寅、马玉臣、漆侠、王瑞明、吴天墀、吴铮强、王曾瑜、游彪、杨倩描、杨宇勋、张邦炜、张劲松、张吉寅、张明、张其凡、曾瑞龙、朱瑞熙、张希清、赵冬梅、赵振华等学者的相关研究。不过，书中肯定有因为个人学力不足造成的认识错误，恳请师友和读者朋友们多批评和指点。

在艰难的写作过程当中，更多的是收获的喜悦。首先，在学术上能够澄清一些似是而非的观点。比如狄青脸上刺字是因犯罪还是入伍，按说这应该不会成为疑问，但学术界不同学者实际上有不同观点，这次个人从宋朝法律制度入手进行分析，应该说是基本坐实了本属于常识的结论。再如狄青刚到西北边境，犯了什么样的军法要被处死，大体是什么时候发生的事情，个人也从范雍的仕宦经历以及军法罚条出发做了逻辑上的推断，等等。在处理这些问题的过程中，收获满满。其次，个人学力得以提升。宋代的法律文献、武官制度等内容，个人以前阅读和思考的时候常常因为畏难而故意无视，这次不得不一点一点地补课，一点一点地啃完，虽不见得能够完全展现到拙劣的笔头上，但还是学到了很多。

2021年11月，也就是本书的撰写正在如火如荼向前推进的那段日子，个人有幸入选了河南省教育厅资助的"2022年度河南省高校哲学社会科学创新人才支持计划"（2022-CXRC-22），作为一个在高等学校工作的普通教师，和学生交流沟通互相学习、写文章做科研都是本分，能够获得诸如此类的项目支持、人才支持都属于意外惊喜，无论如何，总归是值得高兴的事情。所以，把这本小书当作一个阶段性成果，应该也是合适的。

2004年9月，一个到县城求学都感觉是到了大城市的我，独自到坐落于宋都开封的河南大学历史文化学院，开始了四年的求学历程。2014年6月，博士毕业之后就义无反顾地回到河南大学历史文化学院，作为一名高校教师开始了工作经历，掐指一算，在开封的时间一晃12年过去了。在河南大学求学、生活和工作期间，感谢程民生、戴宁淑、耿元骊、桓占伟、贾玉英、李恒、李竞艳、李敏、李振宏、刘克辉、马晓燕、马玉臣、苗书梅、牛建强、齐德舜、祁琛云、田志光、汪维真、杨高凡、展龙、张艳、赵广军等师长们的鼓励、支持和帮助，让我这样一个远离家乡的孩子时时感觉到了家的温暖。感谢浙大城市学院历史研究中心包伟民、何兆泉和傅俊老师，他们的包容、理解和帮助，让一个拖家带口换单位的中年人，竟然有再现青春的感觉。只是，希望这个感觉不要成为错觉。

在学习和工作期间，离不开师长们的帮助。感谢博士后合作导师程民生教授、博士生导师罗家祥教授、硕士生导师习培俊教授和本科指导老师马玉臣教授，从学术研究的展开到认真做事、诚实做人，老师们语重心长的教诲是我前行路上永远的财富。

感谢父母，他们这辈人更多的是扎根农村，而即便如此，爸妈竟然有不管再苦再难也要供孩子读书的理念，并毫不动摇地坚持下去，在初中不毕业就出去打工的20世纪90年代后期的河南农村，简直是个奇迹。感谢妻子朱丽芳女士，我们从2004年相识到2006年相恋，再到2015年步入婚姻殿堂，一晃竟然快20年了，这些年若没有她的默默付出和一如既往的支持，实在不敢想象现在的家会是一个什么支离破碎的存在！感谢已经快4岁的小儿斑斑，他在家里一刻不停的骚扰，"紧紧拉住"拽出书房的蛮横，朝着键盘一顿操作的帮助，让我深刻领悟到作为父亲的存在感。

美好在前方，生活在脚下，而我，一直在路上。

拉杂以上，是为记。

仝相卿

2022年2月15日（正月十五元宵节）午夜于开封